普天之下・盡是好書

普天出版家族
Popular Press Family

凌雲文創
A-Plus Creative Company

學會放下，活在當下 全集

放下負面想法，才是走出困惱的最好方法

千江月 編著

走出人生泥沼的最好方法，就是「**學會放下，活在當下**」。
學會放下，你的內心就不會有過多煩惱與怨懟；活在當下，你的腦海就不會堆滿不切實際的妄想。

文壇大師白先勇曾說：「**命運異於常人時，你只有去面對它，並接受它，若一味逃避、怨憤、自憐，都無法解決你的難題。**」人生絕大多數的困惱，都來自於偏執和妄想。我們總是沉迷於無法挽回的過去，總是幻想著不可預知的未來，既不願試著放下，也不願好好活在當下，才會讓自己的生活滿是迷茫、愁苦與怨悔。

出版序

用積極的態度活在當下

想真正解決問題，就必須接受它、面對它、處理它，最後放下它，如此，才能真正地活在當下，面對自己人生的每一刻。

日本企業家稻盛和夫曾說：「人生的道路都是由心來描繪的，所以，無論自己處於多麼嚴酷的境遇中，心頭都不應該為悲觀的思想縈繞。」

確實如此，不管眼前的日子多苦，只要願意把握當下，不被悲觀、消極、怠惰的思想束縛，生活就不會一直烏雲密佈。

人生不可能永遠一帆風順，遭逢失意挫敗時，有人從此一蹶不振，淪爲徹底的失敗者，有的人則正好相反，在逆境中激發自身的潛力，最後開創全新格局。

是什麼決定了成功與失敗？

答案就是「心態」。

不知你是否曾聽過這樣一個說法？一個人三十歲前的成就，可能或多或少與他的天份、才能、際遇或是家庭背景有關，但是，後半生的成敗完全是由自己對工作、人生的態度而定。若是這個說法屬實，那代表將人類平均壽命八十年減去先前的三十年後，還剩下五十年是由自己掌握。這也意謂著命運能決定的事相當有限，最重要的關鍵還是掌握在自己手裡。

一位電台主持人在自己的職業生涯中遭遇了十八次辭退，她的主持風格也被人貶得一文不值。但是，她並沒有被打倒，總是努力東山再起。

一開始，她想到美國的無線電台工作，但是電台負責人認爲她是一個女性，不能吸引聽衆，斷然拒絕她。

之後她來到波多黎各，希望能有工作機會，但是她不懂西班牙語，爲了熟練語言，她又花了三年時間。然而，在波多黎各的日子裡，她最重要的一次採訪，只不過是有家通訊社委託她到多明尼加共和國採訪暴亂，而且連出差旅費也是她自己出的。

之後的幾年裡，她不停地工作，也不停地被辭退，甚至有些電台指責她根本不懂什麼叫主持。一九八一年，她來到紐約一家電台，但是很快就被告知她跟不上這個時代，又失業了一年多。

某一次，她向國家廣播公司的一位節目製作人推銷她的談話節目企劃案，得到他的肯定。然而，不幸的是，那個人後來離開廣播公司，她只得再向另一位製作人推銷她的企劃，但這位製作人對此不感興趣。

後來，她找到第三位節目製作人，請求僱用她，這人雖然答應僱用她了，卻不同意讓她主持談話節目，而是要求她主持政治類的節目。她對政治一竅不通，但爲了生活，只好努力「惡補」政治知識。

一九八二年的夏天，她主持的那個政治節目開播了。她多年以來磨練出的嫻熟主持技巧和平易近人的風格，吸引許多聽衆打電話進去討論國家政治活動，其中包括總統大選。

這在美國的電台歷史上是史無前例的，她幾乎是一夜成名，她的節目也成為全美最受歡迎的政治節目。

她叫沙莉·拉斐爾，身份是美國一家民營電視台的節目主持人，曾經兩度獲得全美主持人大獎，每天有八百萬觀眾收看她主持的節目。在美國傳播界，她就是一株搖錢樹，無論到哪家電視台、電台，都會為公司帶來巨額的利潤。

拉斐爾曾經說：「我之前平均每一年半就被人辭退一次，因而有些時候我認為這輩子完了。但我相信上帝只掌握了我的一半，我越努力，我手中掌握的另一半就越龐大，而且總有一天我會贏過上帝。」

拉斐爾所說的，其實也就是「人定勝天」的道理，我們不妨這樣說，她成功的意義是告訴我們，除了自己，沒有任何人、任何事物能將你擊敗。

拉斐爾的運氣很不好，即使換了許多地方碰運氣，仍然不受賞識，但是她始終沒有放棄自己，就算是在最黯淡的歲月裡，也不曾向命運投降。就算好不容易尋得的工作機會不如預期，又是自己非常不擅長的類型，她還是以最大的努力彌補了自身的不足。

沙莉．拉斐爾就是以這種不屈不撓的鬥志，最終爲自己的人生開闢一條道路，並向上帝要回了祂手中掌握的另一半。

聖嚴法師曾說過一段話：「當我們面對人生難題時，必須告訴自己去接受它、面對它、處理它，然後放下它。」

當我們面對不敢或不想面對的問題，通常都會幫自己找一堆藉口加以逃避。但是，逃避根本無法解決問題。如果你想眞正解決問題，就必須像聖嚴法師所說的，接受它、面對它、處理它，最後放下它，如此才能眞正地活在當下，面對自己人生的每一刻。面對生活中的逆境和困頓，如果我們保持樂觀積極，那麼眼前這些苦日子，便是人生風雲再起的超強動力。

不論日子再怎麼難過，都應該要樂觀地告訴自己絕對可以挺過，這是對自我的鼓勵，也是對自我的心理建設。

PART—2

面對困境 更要積極冷靜

生命中的「困難」就是一種「可能」，成功者會冷靜地尋找這種可能。就算達不到目標，也能讓自己在挑戰中成長。

PART—3

能夠忍耐，便沒有阻礙

一個人的忍耐功力，往往是成敗的關鍵。別低估自己所能承受的忍耐力，這是一個人生命中最有價值的資本。

PART—4

把自己的缺點變特點

每個人都有屬於自己的「特色」，不管世俗眼光是否認同，那就是「你」，獨一無二的自己，沒有第二個人可以取代。

PART—5

面對困境，要冷靜因應

當上天將一扇窗關閉時，其實正為我們開啟另外一扇人生的門扉。只要保持自信、冷靜分析與思考，就能順利將那扇門打開。

PART—6

用正面的心態面對失敗

「失敗為成功之母」，但這句話的先決條件是：要從失敗中學得經驗並獲得啟發，更重要的是要繼續努力，不就此放棄。

PART—7

做好準備 就能抓住機會

當命運不如己意的時候，仍要保持一顆平常心，不斷充實自己，如果一個人真有才華，只要能把握機會，必定能夠一鳴驚人。

PART—8

只要不放棄，所有的苦難都會過去

如果低頭認輸，只會讓自己永遠成為生命中的逃兵。別再害怕，別再猶豫，如果「一切都會過去」，還有什麼大不了的事情嗎？

PART—9

步步為營，才不會掉入陷阱

心理的強度是最終能否獲得勝利的重要關鍵，唯有步步為營，穩健地實現計劃，能獲得最後勝利。

PART—10

化恨意為成功的動力

心中懷有怨念不一定是不好的事，不必急著將它磨滅。只要那股恨意不會傷害自己和他人，就讓恨意化為動力。

1

PART

自由的心靈
可以排解一切困境

就算生活在這個身不由己的社會，
也別放棄心靈自由的權利，
讓自己完全屬於自己，
別讓心靈也關進社會的大牢籠裡。

只要相信，就能改變命運

厄運是否會變成好運很難斷言，一切只能決定於你是否相信好運會到來。因此，想要改變命運，最重要的是改變自己。

有人趕著出門，走到一半想起忘了帶一份重要文件而返家，原本正在咒罵，後來竟發現瓦斯爐忘記關火，才阻止了一場火災。也有人因爲考試失利，不得已投身職場，卻意外找到適合自己的工作。

當這些不如意的情況發生時，剛開始都會懊惱萬分，怪天、怨地、氣自己。可是在之後好運降臨時，卻又大呼一口氣：「眞是幸運！」

看似厄運降臨，有時反而是延遲的喜悅，就看自己如何看待。凡事往好處想，命運就有機會轉變。

在一次火災事故中，消防員從燒毀的大樓裡救出一對孿生兄弟，波恩和嘉林，他們是這次火災中唯一活下來的兩個人。

兄弟倆被送往當地一家大醫院，在醫生急救下，兩人雖然死裡逃生，但大火已把他們倆燒得面目全非。

「原本是那麼帥的兩個小伙子，如今卻……」大家都不禁爲兄弟倆的不幸遭遇深深感到惋惜。

波恩從死神手中醒來後，無法接受自己變成如此人不像人鬼不像鬼的模樣，整天對著醫生唉聲嘆氣：「這個樣子以後要怎麼出去見人？根本就找不到工作，更不用說養活自己了。」

波恩對生活失去了信心，總是自暴自棄地說：「與其痛苦地活著，還不如死了算了。」

嘉林樂觀地勸導波恩：「這次大火只有我們得救了，是如此幸運，這條撿回來生命是如此的珍貴，今後得讓自己活得更有意義才行。」

兄弟倆出院後，波恩終於受不了別人對他的指指點點，偷偷服了安眠藥離開人世。嘉林雖然難過，卻努力地生存了下來，無論遇到多大的冷嘲熱諷，都咬緊牙關熬了過來，一次次提醒自己：「我生命的價值比誰都高貴。」

有一天，嘉林像往常一樣送貨到加州。當時天空下著雨，路面很滑，嘉林車也開得特別慢。

突然，嘉林發現不遠處的一座橋上站著一個年輕人，舉止非常奇怪，趕緊煞車看個究竟，就在他正要靠近時，年輕人卻轉身跳入河裡。

嘉林嚇了一跳，也跟著跳進河裡，好不容易才把年輕人拉上岸，沒想到他趁嘉林沒注意，又投進河裡。就這樣連續跳了三次，直到嘉林自己也差點被大水吞沒，年輕人才放棄這樣的舉動。

嘉林救的這位年輕人是個億萬富翁，第三次被救起時，終於想通了。他不但佩服嘉林的勇氣，而且深受感動，邀請嘉林加入自己的公司。嘉林從一個積蓄不足十萬元的司機，成爲一個擁有三點二億元資產運輸公司的負責人。

幾年後醫術發達了，嘉林便用賺來的錢修整好自己的容貌。

古羅馬思想家西塞羅曾說：「每個人都有不堪回首的過去，但只有蠢蛋才會讓自己沈迷於那段過去。」

確實如此，走在人生這條路，人難免會遭遇失敗、挫折，也難免碰上一些不如己意的事。氣憤、懊惱無濟於事，你應該做的是選擇把握當下，迎向美好的未來，而不是生氣、活在過去，任由負面情緒主宰自己。

一對孿生兄弟，同樣遭遇火災，幸運獲救，再一起面對毀容的傷痛，可是最後結果，卻是兩種完全不同的命運。

嘉林珍惜生命，努力求生存，幸運之神終於眷顧他，讓他有機會遇到生命的轉機，整修自己的面容。反觀波恩，卻捨棄好不容易撿回來的一條命，自己投入死神的懷抱。

相信會有好結果，就會有好結果。厄運是否會變成好運很難斷言，好運要多久之後才會來臨也沒人知道。可能幾天、幾個月，甚至好幾年。一切只能決定於你是否相信好運會到來。

因此，想要改變命運，最重要的是改變自己。

踩到「狗屎」不是你的錯，你唯一要做的就是把那些「狗屎」拋在腦後，而不是硬要跟自己曾經踩過的那些「狗屎」過不去。

有正面的思想就不會被環境影響

真正困擾我們的，並不是那些糟糕的情況，只要能改變想法，就能改變感覺，繁瑣的事情便不能影響自己的心情。

當我們心情愉快時，看到任何事情都會覺得很愉快。踩到狗大便，也會安慰自己今天一定會很幸運，得趕緊去買一張樂透；坐公車搶不到位置，就當作敬老尊賢，順便減肥；被路過車子濺起的水花潑濕，就當遇水則發。

可是心情不好，就算另一半帶著討好的面容站在你面前，也會覺得他看起來很討人厭，幹嘛那麼嘻皮笑臉。

想法影響感覺，能控制自己的想法，就能掌握自己的感覺。

一位九十二歲高齡的老太太，在小她幾歲的丈夫去世不久後，不得不搬離兩人的家，住進養老院安享晚年。她每天都非常早起，在五點鐘前穿戴完畢，並將頭髮梳成時髦的樣式，就連臉上的妝也毫不馬虎，仔細做好每一道程序。然而，實際上她早已雙目失明。

在她正式搬入養老院那天，在大廳等候了數小時。直到有人告訴她，房間已準備就緒時，原本平靜的表情，剎那間露出甜美的笑容。她操縱輪椅緩緩進入電梯，隨著護士小姐的引導走向房間。一路上，護士小姐對她那小小的房間進行一番仔細的描述，包括掛在窗戶上那鑲有小圓孔的窗簾。

「我很喜歡！」她說道，流露出的神情就和孩子得到一隻小狗一樣歡喜。

「瓊斯夫人，您還沒有看到您的房間呢。」護士小姐輕聲地告訴她。

「這和看不看沒有什麼關係，」她回答：「快樂是你事先決定好的。我喜歡或不喜歡我的房間並不取決於家具如何安排，而在於我怎樣安排自己的想法。我已經決定喜歡它了！」

有一個愛狗人士曾經說：「以前的我非常討厭狗，只要看到牠們，我就渾身不自在，恨不得把牠們趕得遠遠的。有一天，當我決定要好好愛牠們時，牠們突然變得很可愛，每一隻看起來都非常友善。」

每天起床時，我們有機會決定要用什麼樣的心情來面對今天。「好討厭喔，又要開始忙碌了」，或者「又是新的開始，我要好好努力」的想法，都能影響一整天的心情和感覺。

瓊斯夫人選擇了後者。就算失去丈夫，離開甜蜜的家進入養老院，她也選擇好好度過餘生，喜歡自己即將進入的環境，而不是感傷晚年，用淒涼的心情迫不得已接受。眞正困擾我們的，並不是那些糟糕的情況，而是用何種觀點看待。把它想成好事，就會成爲好事。

只要能改變想法，就能改變感覺，繁瑣的事情便不能影響自己的心情。

越是在意，越容易遇到阻力

別讓自己的生活重心放在沒有意義、自添煩惱的事物上，把這種力量用在好的地方，反而會成為一種助力。

看完恐怖片的夜晚，有些人就像平常一樣呼呼大睡，有些人則會害怕到整晚開著大燈，無法入眠。

在後者的腦海中，不斷回憶電影片段，每一個恐怖的場景，一次又一次重播，也一次又一次的嚇自己。

你的注意力放在哪裡，那些被注意的焦點就會放大。要將注意力擺在正面或負面，就得靠個人的智慧來選擇了。

有一位年輕的汽車業務經理，有著人人羨慕的光明前途，可是心裡卻非常消沉。他總認爲自己快要死了，甚至還選購一塊墓地，爲自己的葬禮做好一切準備。

家庭醫生勸他多休息，輕鬆過生活，暫時離開熱愛的銷售汽車事業。

這位經理在家裡休息了一段時間，但是恐懼仍在，心裡還是不安。他的呼吸變得更加急促，心跳得更快，喉嚨仍然時常梗塞。

醫生勸他到科羅拉多州度假。

科羅拉多州雖然有壯麗的高山、新鮮的空氣，但仍無法阻止這位經理陷入無盡的恐懼中。一週後，他回到家中，覺得死神即將降臨取走他的性命。

「打消你的猜疑！」一位老朋友告訴這位經理：「不如到明尼蘇達州羅契斯特市，一間名叫梅歐的診所。在那裡，你可以徹底弄清病情。這樣做對你沒有任何損失，立即行動吧！」

按照建議，他到了羅契斯特市。一路上，經理都非常害怕自己會死於途中。

梅歐診所的醫生爲他做了全面檢查。結果出來後，醫生告訴他：「你會不舒服是因爲吸進過多的氧氣。」

經理這才放心，笑了起來：「竟然是這樣，我眞是太愚蠢了！那該怎麼治療這種狀況呢？」

醫生說：「當你感覺呼吸困難、心跳加快時，可以向一個紙袋裡呼氣，或者暫時屏住氣息。」

醫生遞給經理一個紙袋，他照吩咐做後，心跳和呼吸果然變得正常，喉嚨也不再梗塞了。當他離開時，已經是個愉快的正常人了。

此後，每當症狀發生時，他總是屏住呼吸一會兒，讓身體恢復正常。當他不再恐懼時，症狀也隨之消失。

當你把注意力放在某個地方，情緒易被這些注意力左右。例如，和喜歡的人同處一室時，即使無法接近對方，整個空間也會因爲這份喜歡而變得更可愛，任何事看起來也會順眼多了。

相反的，將注意力放在負面的事物上，也會造成同樣驚人的效果，更會在無形中，增加身心的負擔。

其實，經理得的是一種心病，他總想著「我快要死了」，身體接受他的暗示後，也跟著出現這些假想出來的病狀。很多人的情況也是一樣，患的都是心病，一旦解除了心病，健康自然跟著改善。

別讓自己的生活重心放在沒有意義、自添煩惱的事物上，把這種力量用在好的地方，反而會成爲一種助力。

自由的心靈可以排解一切困境

就算生活在這個身不由己的社會，也別放棄心靈自由的權利，讓自己完全屬於自己，別讓心靈也關進社會的大牢籠裡。

回憶自己過去一個禮拜都做了什麼？起床、上下班、看電視，休息……似固定、規律的生活，你覺得自己在什麼時候最幸福？

如果回答不出來，可能就要小心，必須好好審視自己的生活了。

因爲工作忙碌沒有自己空間，或者不懂得規劃時間，讓自己的日子一成不變的人，都是失去生活的人。

仔細想想，除了溫飽之外，你可曾爲自己做了什麼？

索爾．貝洛十二歲時住在南卡羅來納州，常常抓一些野生動物放到籠子裡飼養。直到某件事發生後，徹底改變他的想法。

他家在樹林附近，每當黃昏日落之時，就有一群美洲畫眉鳥來到林間歇息和歌唱。那歌聲美妙絕倫，沒有一件人間樂器能奏出那麼優美的曲調來。

沉醉於歌聲中的索爾心裡暗暗做了個決定，他一定要捕獲到一隻小畫眉，放到籠子裡，讓牠爲自己歌唱。

有一天，他終於抓到了。一開始小畫眉先是拼命拍打翅膀，在籠中飛來撲去，十分恐懼。過了好一陣子，牠才慢慢安靜下來，承認了這個新家。索爾站在籠子前，聆聽這個小音樂家美妙的歌唱，感到非常滿足。

第二天，他把鳥籠放到自家後院。突然，小畫眉的媽媽出現了，在籠子附近繞了幾圈，又離開，過沒多久，母鳥口含著食物飛到籠子前面，慈愛地讓小畫眉把食物一口一口地吞嚥下去。索爾認爲畫眉媽媽這樣做，比自己餵小畫眉好得多，這是件皆大歡喜的好事。

第二天早晨，索爾去探看他的小畫眉在做什麼，卻發現牠無聲無息地躺在籠子底層，已經氣絕多時。

他對此迷惑不解，不知發生了什麼事。他想，他的小鳥不是已經得到精心照料了嗎？

那時，正逢著名的鳥類學家阿瑟．威利來看望索爾的父親，索爾就把小畫眉的事告訴了他。阿瑟．威利聽了之後，解釋道：「當一隻雌美洲畫眉發現牠的孩子被關進籠子，必定會餵小畫眉足以致死的種子。牠似乎堅信，孩子死了總比活著做囚徒要好些。」

從此以後，索爾再也不捕捉任何動物關進籠子裡，開始懂得任何動物都有追求自由生活的權利。

人生絕大多數的困惱，都來自於偏執的想法。走出困惱的最好方法，就是「選擇放下，活在當下」。

選擇放下，你的內心就不會有過多偏執；活在當下，你做不會一再做出錯誤的事。

每個生命都有追求自由的權利，連母鳥都懂得自由的可貴，那麼人呢？

就算生活在這個身不由己的社會，也別放棄心靈自由的權利。

你可以在責任之外，理直氣壯地要求自己的空間和時間，拒絕那些不必要的困擾，讓自己完全屬於自己，決定自己想做什麼、該做什麼、要做什麼。別讓心靈也關進社會的大牢籠裡。

如果人不能爲自己做點喜歡的事，讓人生多點色彩，雖擁有人身自由，卻失去心靈自由，跟被關在籠裡的動物又有何差別呢？

曾經看過一部電影，描述監獄裡的囚犯爲了感覺那短短幾分鐘的自由，願意付出極大的代價，即使那時他們仍然關在牢裡，心靈卻是被釋放的。

爲了自己，趕快找回屬於自己的心靈自由吧！只要心是自由的，遇到一切困境都能微笑以待。

與其報復，不如祝福

原諒一個人並不容易，但是不原諒一個人，卻會為自己帶來更大的傷害。面對情感上的困境，唯有放手能為自己帶來最大的救贖。

有個男孩因爲初戀對象劈腿，心靈深受打擊，重重受到創傷。從此以後，他再也不相信愛情，甚至帶著報復的心情看待感情。他依然談戀愛，只是不再眞心付出，就當成遊戲一場。他擁有很多段短暫的戀情，也可以同時進行，不管對象是好是壞，眞心與否，他都不在意。

看著本性善良、條件又好的他，卻這樣糟蹋自己和別人，常常會爲他感到惋惜。無法原諒、無法放下，讓他無法珍惜、擁有身邊的「有情人」！

原諒別人，其實是救了自己。

一個陽光明媚的早晨，格蘭正整理著禮品店裡各式各樣的禮品和鮮花時，一位年輕人走了進來。他臉色陰沉，瀏覽店裡的禮品和鮮花，最後將視線停在一個精緻的水晶烏龜上。

「先生，請問您想買這件禮品嗎？」格蘭親切地問。

年輕人眼神冰冷地點頭，開口問：「這要多少錢？」

「五十美元。」格蘭回答道。

年輕人聽完，毫不猶豫掏出五十美元甩在櫥窗上。格蘭感到很奇怪，從禮品店開業以來，還沒遇過這麼豪爽、慷慨的買主呢！「先生，您想將這個禮品送給誰呢？」格蘭試探地問了一句。

「送給我的新娘，我們明天就要結婚了。」年輕人冷漠回答。

格蘭愣了一下，心想要送一隻烏龜給自己的新娘，豈不是在婚姻上安了一顆定時炸彈？格蘭沉重地想了一會，對年輕人說：「先生這件禮品一定要好好包裝，才能爲新娘帶來更大的驚喜。可是現在沒有合適的盒子，請明天再來取好嗎？我一定會盡快爲您趕製一個漂亮的禮品盒！」

「謝謝！」年輕人說完轉身就走。

第二天清晨，年輕人很早就來到禮品店，取走格蘭爲他趕製的精緻禮品盒。他走進結婚禮堂，快步跑到新娘跟前，雙手將禮品盒交給新娘，然後迅速地轉身跑開，淚水從他臉上流下，因爲新郎不是他。回到家後，他開始後悔自己的舉動，並害怕接到新娘憤怒與責怪的電話。

傍晚，新娘打來了，開口就說：「謝謝你，謝謝你送我這樣好的禮物！謝謝你終於接受這件事，也能原諒我……」電話一頭高興且感激地說著。

年輕人疑惑萬分，可是什麼也沒說。掛斷電話後，跑到格蘭的禮品店，一推開門，他驚訝地發現，那隻精緻的水晶烏龜依舊靜靜躺在櫥窗裡！

明白一切後，年輕人望向格蘭，格蘭平靜地對年輕人微笑。年輕人冰冷的面孔終於在這瞬間軟化，帶著感激與尊敬的神色對格蘭說：「謝謝妳！我懂得了諒解別人的眞正意義，讓我又重新找回了我自己。」

原來，格蘭將水晶烏龜換成一對代表幸福和快樂的鴛鴦。她沒想到這個簡單的舉動，能在短短時間內，徹底融化一顆冰冷的心。

原諒一個人並不容易，但是不原諒一個人，卻會爲自己帶來更大的傷害。我們總以爲報復、責怪、羞辱一個人，能讓自己好過一點。殊不知，當我們做這件事時，就是再一次回憶當初被傷害的感覺。

只是這麼做，心靈不但沒有因爲報復而得到快感，在反撲之後，反而會加倍回到自己身上。痛恨對方的情緒，只會成爲自己更沉重的負擔。

有時候，最難以原諒的人，往往就是你最該放手的人，別讓自己被他抓住了！面對情感上的困境，唯有放手與原諒，能爲自己帶來最大的救贖。

適度休息，才不會不堪一擊

或許現實讓我們無法做到放慢腳步，但是至少可以在休息時間好好呵護自己，讓身心休息，別讓靈魂追不上疲憊的身體。

爲了追上生活的腳步，我們總是不停往前走，連跑帶跳，讓自己累個半死。好不容易熬到休息時間，心裡惦記著的，還是那堆尚未完成的事情，下一步該怎麼做、還有什麼要交代……就算身體停下來，腦袋的思緒仍然不停往前跑，忘了腦袋也該休息。

有人懂得忙裡偷閒，讓自己趁機休息。有人該放鬆時卻不放鬆，煩惱著一堆雜事。如果休息是爲了走更長的路，試問這兩者，誰會有較好的表現呢？

有一個探險家到南美叢林中，尋找古印加帝國文明的遺跡。他僱用幾個當地人作爲嚮導和挑夫，一行人浩浩蕩蕩朝叢林的深處走去。

那群土著的腳力過人，儘管背著笨重的行李，仍是健步如飛。在整個隊伍的行進過程中，總是探險家先喊著需要休息，讓所有土著停下來等他。

探險家體力雖然跟不上，但仍然希望能夠早一點到達目的地，實現一生的願望，好好研究一下古印加帝國文明的奧秘。

到了第四天，探險家一早醒來，便立即催促挑夫打點行李，準備上路。不料，領導土著的翻譯人員卻拒絕行動，讓探險家勃然大怒。經過詳細的溝通，探險家終於了解，這群土著自古以來便流傳一項神秘的習俗：趕路時竭盡所能，拼命地向前衝，但每走上三天，便需要休息一天。

探險家對於這項習俗好奇不已，嚮導很莊嚴地回答探險家的疑惑：「那是爲了讓我們的靈魂能夠追得上趕了三天路的疲憊身體。」

探險家聽了嚮導的解釋，心中若有所悟。沉思了許久，終於展顏微笑，心裡深深地認為，這是他這一趟旅行當中，最大的收穫了。

多數人習慣了忙碌的生活，一停下來就會感到恐慌。就像一個人在都市生活久了之後，到了步調較緩慢的小鎮，會有適應不良的現象發生。因為已經習慣了緊繃著身體，鎮日忙碌的生活，一旦停下來，就會突然失去方向，不知道自己該做些什麼，這是非常可悲的一件事。

人不是機器，是一個生命，不該連靜心的時間都沒有。

或許現實讓我們無法做到放慢腳步，但是至少可以在休息時間好好呵護自己，讓身心休息，別讓靈魂追不上疲憊的身體。

十九世紀美國詩人溫德爾說過：「休假時，無法開懷玩樂的人，也無法盡心工作。」該休息時好好休息，該趕路時拼命趕路的人，才能像顆充滿電的電池，持久、耐用。

每一天都要把握，才算真正活過

沒有人知道自己能活多久，會不會下一刻就離開人世。唯有好好把握每一天，才算擁有生命，才算真正活過。

有一則笑話是這樣的：

教授在某次上課問學生：「如果你只剩下三天可活，你想做什麼？」正當很多同學竊竊私語、彼此討論時，一個學生勇敢舉起手來發言：「我想繼續上您的課。」

教授聽了非常感動，問他爲什麼。學生正經八百答道：「因爲上您的課，會讓我有度日如年的感覺。」

在哈哈大笑之餘，你是否也曾想過這個問題：「當生命只剩短短幾天可活之時，我想做什麼？」

某位知名作家有一個做證券生意的朋友，每天都在外奔波，很難見上一面，只能藉著電話聯絡彼此。

有一天晚上，這個朋友打電話給作家，兩人天南地北地聊起天來。

朋友突然問作家：「如果只要花一塊錢，就可以買到你哪一天會死去的訊息，你買不買？」

作家想了想，肯定地回答：「我不買。」

朋友問道：「爲什麼？」

作家答道：「人生最大的痛苦莫過於知道自己哪天會死，並等待著那一天的來臨。我認爲，最好的死亡方式是讓死亡突然間來臨，人們還來不及思考什麼時，生命就突然終止。」

朋友沉默片刻，電話那端卻有不同的感想，他輕聲說：「可是，我買。」

作家好奇地問：「爲什麼？」

朋友回答：「如果死亡眞的突然來臨了，許多想做的事和最喜歡做的事還沒完成，我會很遺憾，不想把它們帶進墳墓裡。不過，我也不需要太早知道，提前十天讓我知道就行了。」

作家問道：「那麼你想怎麼去用這十天呢？」

朋友答道：「五天的時間給我的家人，好好陪他們。整天忙著開會、簽約，一年難得回家幾次，我覺得對妻子和女兒很愧歉。我曾答應她們，等公司業務穩定了，就陪她們去歐洲度假。可是，公司的業務一直在發展，結果一拖再拖，始終未能實現承諾。剩下的五天則給我自己，做一些平常想做，卻沒時間做的事，比如，開著車去嚮往已久的地方散心。」朋友的聲音有些輕顫。

作家聽完笑說：「這些事並不難，爲何不現在就擠出一點時間去做呢？」

朋友嘆了口氣：「現在眞的很忙，沒有時間啊！」說完停頓了一下，又加了一句：「或許我不應該等那最後的十天來臨，才去做那些事！」

想讓生活過得更幸福、更積極，就必須鞭策自己採取行動，以實際的做法讓每一天都是生命中的傑作。

有些人總是以「沒時間」、「以後再說」爲藉口，讓許多計劃隨著時間付諸流水。這些持著冠冕堂皇理由的人，眞的有時間時，會去做那些事嗎？或者，那只是掩飾自己惰性的藉口呢？

英國詩人撒姆爾．約翰生曾說：「人生短暫，已不容許再浪費時間。」

沒有人知道自己能活多久，會不會下一刻就離開人世。唯有好好把握每一天，才算擁有生命，才算眞正活過。

把握時間，就不會一再拖延

寫下「該做的事」，是給自己的提醒和警惕，告訴自己何時該完成什麼事。這樣不但可以妥善安排時間，還能提升工作效率。

同樣的時間裡，有人能同時完成多件事情，有人卻毫無收穫，可是他們看起來同樣的忙碌。

再觀察一下這兩種人到底在這段時間裡做了些什麼，就可以清楚地了解到，爲何有些人就是優於他人。

其中的差別就取決於對時間的規劃，以及對自己的約束力。

瑪麗．凱．艾絲創辦瑪麗．凱化妝品公司初期，聽過遇一則有關查爾斯．施瓦布（美國一家數一數二的鋼鐵公司總裁）的故事，對她造成很大影響。

故事始於一次總裁與顧問的交談：

一名企業管理顧問李對施瓦布說：「我可以提高你的員工工作效率。」

施瓦布問：「費用要多少？」

李說：「如果無效的話，免費。但如果有效，希望你能把公司因此省下費用的百分之一給我。」

施瓦布同意他的條件，接著問李該怎麼做。

「我需要與每一位高級主管面對面談十分鐘。」施瓦布答應了。

李開始與所有高級主管會面，告訴每一位主管：「在每天下班離開辦公室前，請寫下六件你今天尚未完成，但明天一早得做的事。」

主管們都答應這個要求。當他們開始實行這個計劃後，發現自己比以前更專心了，因爲有了這張表，他們會努力完成表上的事情。不久之後，公司的生產力有了顯著的改善。

因爲效果驚人，幾個月後施瓦布就開了一張三萬五千美元的支票給李。

瑪麗．凱說：「當我聽到這個故事後，心想，如果這個方法對施瓦布而言値三萬五千美元，對我也會有同樣的價値。」

因此，她開始執行這個方法，在每天下班前寫下六件明天要做的重要事情，也鼓勵業務員這麼做。

後來的瑪麗．凱化妝品公司擁有二十多萬業務員，印製上百萬份粉紅色小便條本，每一張便條紙上寫的都是：「我明天必須做的六件重要事項。」

常以沒時間爲藉口的人，即使有時間也不會把握。

對忙碌的現代人來說，更有效率地利用時間，是最基本的原則。可是，人都有惰性，總會替自己找一堆理由拖延，使得自己總感覺處於忙碌的狀態之中，卻沒有發揮應有的成果。

很多時候，事情沒有完成並非能力不足或是時間不夠，只是不夠認眞，甚至以敷衍的態度做事。

這樣的執行度和完成度，自然不高，也不會有好成效。

寫下「該做的事」，是給自己的一種提醒和警惕，告訴自己何時該完成什麼事。這樣的方式不但可以妥善安排時間，還能提升工作效率，並讓自己有多餘的休閒時間。

發展特質，別被社會框架限制住

若是一個人的特質沒有環境可以成長、發揮，就像把腳塞進不合尺寸的鞋子裡，即使能走路，卻沒辦法跑步。

有一個唸理工科的大男孩，對課本上的知識一點興趣也沒有，平常只愛拿著針線東縫西縫。

他永遠搞不懂那些公式，卻可以設計出一套套漂亮的洋娃娃服飾。

有一年，他將自己的作品拿去展覽，正巧被世界知名的芭比娃娃公司負責人看見，非常欣賞他的才華。在他畢業之前，就被高薪聘請到美國芭比娃娃公司服飾設計部門工作。

每個人都有最適合自己做的事，自然地朝那個方向前進吧！每個人在世界上最大的成就，就是好好「做自己」，對什麼感興趣，就去做什麼。

有一個孩子在學校的功課非常差，所有老師都認爲他的智力有問題。

這孩子平日沉默寡言，常常一個人長時間坐在屋前的花園裡看著花草和小蟲。他的父親不時教訓他：「除了打獵、養狗、捉老鼠以外，你什麼都不會。將來你將一事無成，也會成爲整個家族的恥辱。」

他的姊姊也看不起這個課業成績不好、行爲怪異的弟弟。在整個家庭中，他是一個不受歡迎的人。

但是，他的母親愛他，心裡總是想著，如果孩子沒有那些樂趣，不知道他的生活還會有什麼色彩。

她常對丈夫說：「你不該用這種態度對他，應該讓他慢慢學會改變。」

丈夫卻說：「妳這根本不是教育，會毀了他的一生。」但母親的想法並未動搖，她覺得孩子需要她的安慰和鼓勵。

她支持孩子到花園去，並讓姊姊也跟去。母親對孩子們說：「讓我們來場比賽，看看誰能先從花瓣上認出這是什麼花來！」

那孩子果然比姊姊答得快，這對他來說，是多麼令人興奮的一件事。他開始整天研究花園的植物、昆蟲，甚至觀察到蝴蝶翅膀上的斑點數量。

這位醉心於花草之中的孩子，多年後成為世界知名的生物學家，創立了著名的「進化論」，他就是達爾文。

有人說，人生就是不斷選擇的歷程，抉擇決定了每個人的人生。

如果抉擇是無可避免的，那麼走在人生的十字路口，最應該做的一件事，無疑是平心靜氣地思索自己究竟對什麼最感興趣，又擁有什麼特質，如此才能從迷惑中找到全新的出路。

很多人在成長的過程中，往往因為父母的期許、社會的價值觀，被硬性套上某種「公式」，讓自己踏上某位成功者的後路。這樣的結果，或許會造出「翻版」人物，卻可能失去偉大人物。

若是一個人的特質沒有環境可以成長、發揮，就像把腳塞進不合尺寸的鞋子裡，即使能走路，卻沒辦法跑步。

孩子並不是父母願望的實現者，也不是他人的改良版。只要讓他「當自己」，才能真正發揮他的本質。

同樣的，我們也不該把自己套入社會的「公式」裡，別忽視自己感興趣的事，說不定能從中發現自己的另一項才能。

2

PART

面對困境更要積極冷靜

生命中的「困難」就是一種「可能」，
成功者會冷靜地尋找這種可能。
就算達不到目標，
也能讓自己在挑戰中成長。

不要怕打擊，成功就在下一次

被拒絕時，通常第一個感受必定是難堪，不敢再次敲對方的門，但是，若因此退縮不前，也等於喪失一次可能成功的機會。

業務員往往讓人感到又是敬佩、又是頭痛，他們必須面對一次又一次被拒絕的場面，甚至遭到白眼、辱罵、摔門等待遇。

被人拒絕的悲哀，恐怕只有他們能深深體會。是什麼樣的力量支持他們繼續從事這項工作，面對遭人拒絕時的尷尬與信心的打擊呢？

答案是：不怕來自生活與工作上的打擊！

面對生活中的逆境和困頓，如果我們懂得放下，保持樂觀積極把握當下，那麼眼前這些苦日子，便是人生風雲再起的超強動力。

從收到瑞德公司面試通知那天起，克里弗德的心裡既焦急又期待。面試那天，他用心梳洗打理一番，繫上一條新領帶，希望能帶給自己好運。

上午十點鐘，他走進瑞德公司人力資源部。等秘書小姐向經理通報後，深深吸一口氣，提著手提包走到經理辦公室門前，輕輕地敲了兩下門。

「是克里弗德先生嗎？」屋裡傳出詢問聲。

「經理先生，你好！我是克里弗德。」克里弗德慢慢地推開門。

「抱歉，克里弗德先生，你能再敲一次門嗎？」端坐在轉椅上的經理悠閒地注視著克里弗德，表情有些冷淡。

經理先生的話雖令克里弗德有些疑惑，但他並未多想，關上門，重新敲了兩下，然後推門走進去。

「不，克里弗德先生，這次做得沒有第一次好，你能再來一次嗎？」經理示意他出去重來。

克里弗德重新敲門，又一次踏進房間。

「先生，這樣可以嗎？」

「這樣說話不好！」經理回答他。

於是，克里弗德又再一次走進去：「我是克里弗德，很高興見到您。」

「這回差不多了，如果你能再來一次會更好，你能再試一次嗎？」

當克里弗德第第十次退出來時，內心的憧憬已消失殆盡，而且開始感到惱火。他心想，進門打招呼要那麼講究嗎？這只是場面試，這樣做分明是在刁難戲弄人。克里弗德愈想愈氣，轉身就想離開，可是剛走幾步又停了下來。

「不行，我不能這樣逃開，即使瑞德公司不打算錄用我，也得聽到他們當面對我說。」克里佛德這樣告訴自己。

於是，克里弗德重新調整心情，平靜地敲響了第十一次門。這次，他得到的不是難堪的拒絕，而是熱烈歡迎的掌聲。克里弗德愣在原地，原以爲會再一次被拒絕，沒有想到第十一次敲開的，竟是一扇成功之門。

原來，瑞德公司此次打算招聘一名市場調查員。一名優秀的市場調查員，不僅要具備學識素質，更要具備耐心和毅力等心理素質。這十一次的敲門和問候，就是關於一個人心理素質的考題。

假如有一天，你被別人拒絕了，覺得自己能被拒絕幾次呢？

當人們被拒絕時，通常第一個感受必定是難堪，接著感到自憐，然後就心生恐懼，不敢再次敲對方的門，因為對當下的自己來說，被拒絕的不是提議，而是自尊和信心。但是，若因此退縮不前，也等於喪失一次可能成功的機會。知道這一點後，更要提振精神，克服心裡的不耐，再試一次。

這是一種控制情緒的學習，別因對方的冷言冷語輕易受傷。只要告訴自己，再敲一次門，等待在門後的將是熱烈的掌聲。

正如威廉．喬理斯所說：「被拒絕了，不需要感到悲哀，用不著把拒絕當做是個人侮辱。當對方把你關在門外時，更要因此下定決心——我一定會把握下次的機會，把這筆生意做成。」

不知道有多難，做起來便不難

有時候我們也該學學這種「不知道」的精神，事情不必知道太多，憑著一股「傻子」的衝勁去做就是。

剛從駕訓班出來的人都知道，眞正的道路駕駛和在駕訓班開車相差十萬八千里，幾乎每個新手駕駛都會被這樣告誡。因此，當新手上路前，心裡面已經存在一種負擔和恐懼：「啊！在路上開車好恐怖！」

和做其他事情一樣，車要開得好，是經驗和練習累積而來的。可是，同樣是新手上路，一個已經感到害怕的駕駛者，和一個帶著平常心上路的人相較，後者的表現一定優於前者。因爲，他將道路駕駛當成在駕訓班練習，雖然小心，但是不會太緊張。

有時候，不必知道問題「有多難」，不知者才能無畏！

一七九六年的一個微涼的夜晚，德國哥廷根大學有個十九歲的年輕人在晚餐過後，開始做例行的數學題練習。在一般情況下，他都會在兩個小時內完成這項作業，這天卻和往常不同。

前兩道題目在兩個小時內順利地完成，第三題讓他花費一番功夫。這道題目要求只用圓規和一把沒有刻度的直尺在一張小紙條上做出正十七邊形。年輕人並沒有多想，就像做前兩道題一樣，埋頭練習。做著做著，他開始感到吃力，思考的時間也愈來愈多。

困難激起他的鬥志，心想著，無論如何一定要把它做出來！他拿起圓規和直尺，在紙上畫線，嘗試用一些超越常規的思路去解這道題目。

不知不覺中，時間慢慢過去了，當窗口露出一絲曙光時，年輕人大大呼了一口氣，終於解開了這道難題。

他將作業交給教授，教授一看當場愣住了，用顫抖的聲音對年輕人說：「這個眞的是你自己做出來的嗎？知不知道，你解開一道有兩千多年歷史的數學懸案？阿基米德沒有解出來，牛頓也沒有解出來，你竟然一個晚上就解出來了！哈，你眞的一是個天才！」

原來，教授出題目時，不小心把印著這道題目的小紙條夾在給年輕人的題目裡，這是他最近苦心鑽研的難題。

多年以後，這個年輕人回憶起這一幕時，總是說：「如果有人告訴我，這是一道有兩千多年歷史的數學難題，我絕對不可能一個晚上就解決它。」

這個年輕人就是後來被稱爲「數學王子」的高斯。

恐懼，會不斷影響你的思考和作爲，會在一件事開始前，就先打擊你的信心，嘲諷你的能力，勸你放棄。

所謂「初生之犢不畏虎」，正是因爲小牛不知道老虎爲何物，因此不會害怕。很多比賽和表演也是同樣的道理，正式上場和練習表現出來的成果，時常會有一些落差。如果根本不知道這是「正式演出」，用平常心面對，反而比較能發揮眞正的實力。

有時候我們也該學學這種「不知道」的精神，事情不必知道太多，憑著一股「傻子」的衝勁去做就是。

何必自己嚇唬自己？何必讓自己老是緊張兮兮？只有保持冷靜才能走出困境，只有在平常心之下，才能有最好表現。

面對困境更要積極冷靜

生命中的「困難」就是一種「可能」，成功者會冷靜地尋找這種可能。就算達不到目標，也能讓自己在挑戰中成長。

承諾，是一種人格上的保證，是一個慎重的決定，現在卻常常被人們濫用，尤其是口頭上承諾，往往變成敷衍的代替品。

會做「承諾」的時刻，大都是碰到困難、不好解決的時候，這時候的「承諾」特別重要。當我們碰到困難，感到沮喪時，不妨對自己做個「承諾」。

亞蘭是美國聯合保險公司的一位業務員。

有一天非常的寒冷，路上的雪積得很高，在上面行走很吃力。當時亞蘭在威斯康辛州一個城市的社區中推銷保險，可是連一筆生意都沒有做成。

就在回家的路上，亞蘭不小心跌了一跤，摔斷了右手，也扭傷了腳。亞蘭雖然對自己的表現很不滿意，又不幸受傷，但他並沒有因此而氣餒，反而選擇積極面對挫折，將不滿轉爲鼓勵自己的動力。

休養一個禮拜後，他再次挑戰自己。出發前，他向同事們描述上個禮拜遭遇的失敗，然後接著說：「等著瞧吧！今天我將再次拜訪那些顧客，我將賣出比你們全部賣出的總和還要多的保險單回來。」

所有同事都不相信他做得到。

結果，亞蘭跌破眾人的眼鏡，竟然做到了。他回到那個社區，拜訪了前一個禮拜和他談過話的每一個人，當場賣出六十六張新的事故保險。

當時亞蘭在風雪中跋涉了八個小時，還跌了一跤，卻沒有賣出一張保險單，可是亞蘭把第一天在失敗的情況下感受到的一切不滿，轉化成激勵自己的力量，最後終於獲得成功，不久之後就被提升爲業務經理。

生命中的「困難」就是一種「可能」，成功者會冷靜地尋找這種可能。然而一般人都希望能用最簡單、最方便的方法做好一件事，但是不需努力就得到的東西，通常不會太好。

亞蘭所抱持的心態就是：「面對困境更要積極冷靜，即使付出再大的努力，也要將它完成。」

因爲這個對自己的「承諾」，讓他做到人們認爲不可能的事。就因爲處於逆境，才要和自己做「承諾」，就算達不到目標，也能讓自己在挑戰中成長。

給自己一個承諾，看似簡單，其實是最難的。但是，這樣的自我承諾，會讓決心更加堅強，成爲前進的動力。

相信自己，沒有辦不到的事

人類的潛力比自己想像中的還要大。克服內心的怯懦，把「我不能」徹底埋葬，只要能做到這點，相信就沒有辦不到的事。

人一生中最大的敵人就是「自己」。

當我們碰到困難、面對挫折時，能不能闖關成功，關鍵就在於「是否能跨越自我的恐懼」，沒有所謂的「能不能」，只有「願不願意」的選擇。

當一個目標立在眼前時，要不要前進，是否繼續，就看自己和潛意識之間的溝通。如果心裡只想著「我不能」，就已經和命運妥協，向失敗投降。

唐娜是密西根州一個小鎮裡的小學老師。某天上課時，她讓學生在紙上寫出自己無法做到的事。

一群十歲的孩子，在紙上寫著：「我無法把球踢過第二道底線」、「我不會做三位數以上的除法」、「我不知道如何讓比利喜歡我」……等等。

唐娜老師也在紙上寫下她無法做到的事情：「我不知道如何才能勸約翰的母親來參加家長會」、「該如何不用體罰，就能勸導艾倫聽話」……等等。

過了約莫十分鐘，學生們已經寫滿一整張紙，有的甚至開始寫第二頁了。「孩子們，寫完一張紙就行，不要再寫了。」唐娜老師宣佈這項活動結束。

學生們按照她的指示，把他們寫滿「認爲自己做不到事情」的紙對折好，投進一個空的盒子裡。

唐娜老師也把自己的紙條投進去。接著，她帶著學生走到運動場最偏遠的角落，捲起衣袖用鐵鍬挖起坑來，挖了幾下後，讓學生們也輪流用鐵鍬挖洞，不久，一個三呎深的洞就挖好了。

他們把盒子放進去，再用泥土把盒子完完全全覆蓋上。每個人所有「不能做」的事情，就這樣被埋在這個三英呎深的泥土下面了！

唐娜老師神情嚴肅地說：「孩子們，現在請你們手拉著手，低下頭，我們準備默哀。」學生們很快拉起手，圍繞著「墓地」，低下頭靜靜等待。

「朋友們，今天我很榮幸邀請你們前來參加『我不能』先生的葬禮。」接著，唐娜老師莊重地唸著悼詞：「『我不能』先生您在世的時候，曾經與我們朝夕相處，影響、改變我們每一個人的生活，有時甚至比任何人對我們的影響都要深刻得多。您的名字幾乎每天都要出現在各種場合，這對於我們來說是非常不幸的。現在，我們將您安葬在這兒，希望您能夠安息。同時，我們更希望您的兄弟姐妹『我可以』、『我願意』，還有『我立刻就去做』能夠繼承您的事業。雖然他們的名氣不如您大，沒有您的影響力深，但是他們會對我們每一個人、對全世界產生更加積極的影響。」

最後，唐娜老師對學生們說：「願『我不能』先生安息吧！也祝福我們每一個人都能夠振奮精神，勇往直前！阿門！」

經過這場告別式後，日後只要有學生想說出「我不能」這句話時，必定會想到「我不能」先生已經死了，轉而積極想出解決問題方法。

柏拉圖曾經說過：「克服自己，是人類勝利中，最偉大的勝利。」

用什麼樣的心理面對考驗，是成敗的決勝點，一個積極的人，絕對會比悲觀者擁有更多的勝算。人類的潛力比自己想像中的還要大，如果給它正面的情緒，就會有正面的反應。

克服內心的怯懦，把「我不能」徹底埋葬。只要能做到這點，相信就沒有辦不到的事。只有克服「我不能」，才能夠向「我可以」邁進，最後也才有機會碰到「我勝利」！

一時的得失，不必太過偏執

成果有時候不能立即看到，必須經過漫長時間的付出和等待。可是，等到時機成熟，成果將會以驚人的面貌出現。

社會上許多事業有成的人，還未做出一番傲人成績之前，常常讓人誤解成是異想天開的笨蛋。

他們的行徑往往和常人不同，做事的方法也很獨特，當他們正為自己的成功努力著時，常會被世人誤解。因為，沒有人能夠看到他們付出的背後，擁有的獨創性和眼光。

日本東京島村產業公司及丸芳物產公司董事長島村芳雄，創造了著名的「原價銷售法」，還利用這種方法，由一貧如洗的店員變成產業大亨。

島村芳雄初到東京時，在一家包裝材料行當店員，薪水十分微薄，下班後唯一的樂趣就是在街頭閒逛，欣賞行人的服裝和他們提的東西。

有一天，島村又像往常一樣在街上漫無目的溜達時，突然注意到，許多行人手中都提著紙袋，這些紙袋是買東西時，商店給顧客裝東西用的。一個念頭在島村腦中浮現，認定這種紙袋會風行一時，做紙袋生意一定會大賺一筆。

考慮到自己沒經驗、沒資金，島村想出一種新的銷售方法，即「原價銷售法」，以一定的價格買進，然後以同樣的價格賣出，不賺一分錢。

島村先往麻繩原場地，以五角的價格大量買進四十五釐米規格的麻繩，然後按原價賣給東京一帶的紙袋工廠。

這種完全無利潤的生意做了一年後，附近的工廠都知道「島村的繩索眞正便宜」，訂貨單也像雪片一樣，從各地源源而來。

見時機成熟，島村便開始實施第二步行動。他先拿著購貨收據，前去訂貨客戶那裡訴苦：「你們看，到現在爲止，我沒有賺你們一毛錢。如果再讓我這樣繼續爲你們服務的話，只有破產一條路可以走了。」

客戶被島村的誠實和信譽感動，心甘情願把交貨價格提高爲五角五分錢。

接下來，島村又與麻繩廠商洽談：「您賣給我一條五角錢，我都直接照原價賣給別人，才有現在這麼多的訂貨。如果這種賠本生意讓我繼續做下去的話，只有關門倒閉了。」

麻繩廠商一看島村開給客戶的收據存根，大吃了一驚，願意這樣做不賺錢生意的人，他們還是生平第一次遇到。於是，廠商沒有多加考慮，就把給島村的價格降低爲一條四角五分。

以當時一天一千萬條的交貨量計算，島村一天的利潤就可達到一百萬元。創業兩年後，島村就成爲名滿天下的人了。

十八世紀，法國法律學者那特克衛曾經這麼說：「真正的成功者，外表看似憨直，其實精明幹練。」

推銷員必須懂得心理學，就像船員一定要具備航海技術一般，島村芳雄主打的，就是人性心理。

他建立紙袋及麻繩工廠對長期客戶的信賴，也同時奠基他的人脈和商譽，藉著替麻繩工廠增加訂單的服務，對紙袋工廠「不計得失」的買賣的行爲，讓雙方自動調價，獲取其中利潤。

成果有時候不能立即看到，必須經過漫長時間的付出和等待。可是，等到時機成熟，成果將會以驚人的面貌出現。

眞正成就大事業者，是不會計較一時得失的。

學習他人優點，跨越自身界限

讓他人身上的優點成為自己的，最大的關鍵就是「偷學」。「偷」來的優點，可以使自己進步，讓自己身上也有他人的優點。

每一個人，無論是否讓人討厭、聰明或愚蠢，都有值得他人學習的地方。

我們很容易淪落到某種由羨慕、嫉妒到討厭一個人的情緒裡。羨慕她長得美、嫉妒他家財萬貫，所有比自己好的人，都是令人眼紅的對象。

既然如此，何不將他們令自己羨慕的東西「偷」過來呢？

特福的父母在一次意外中不幸辭世，只留給他和哥哥卡爾一間小小的雜貨店。由於資金微薄，設施又簡陋，店裡的生意並不好，只能靠著出售一些罐頭和汽水之類的食品勉強度日。

兄弟倆不願意一直過著這種窮苦的生活，拼命尋找發財的機會。

有一天，卡爾問弟弟：「爲什麼同樣的商店，有的賺錢，有的只能像我們這樣慘澹經營呢？」

特福回答說：「我覺得我們經營的方式可能有問題。我相信，只要經營得好，小本生意也是可以賺錢的。」

「可是，如何才能經營得好呢？」卡爾疑惑地問著。在兩兄弟一番討論之下，他們決定多多觀摩，到其他店家看一看。

某一天，他們來到一家「消費商店」，這家商店顧客絡繹不絕，這樣的情況引起兄弟倆的注意。他們在店裡逛了幾圈，沒有發現特別之處，又走出商店，看到門外有一張醒目的告示上寫著：「凡來本店購物的顧客，請保存發票，年底可以憑發票總額的百分之三免費購物。」

他們把這份告示看了又看，終於明白這家商店生意興隆的原因了。原來顧客就是貪圖那「百分之三」的免費商品。

他們回到自己的店裡後，立即貼了一個醒目的告示：「本店從即日起，全部商品降低折扣百分之三，本店保證所售商品爲全市最低價，如顧客發現不是全市最低價，本店可以退回差價，並給予獎勵。」

就是憑藉這種「偷」來的智慧，他們兄弟倆的商店迅速擴大，成爲世界上最大的連鎖商店之一。

「偷」東西的確不好，可是偷學別人的優點是值得鼓勵的，想學，就是一種求進步的表現。就像特福兩兄弟，不但偷學別人的經營之道，還將其融會貫通，發展出更好的方法來。

有一個貧窮的人，見一個富人生活得很舒適又愜意，便對富人說：「我願意在您家裡爲您工作三年，一分錢也不要，只要讓我有飯吃，有地方住。」

富人覺得這眞是少有的好事，立刻答應窮人的請求。三年後，窮人離開富人，從此不知去向。十年過後，昔日的窮人變得非常富有。以前那個富人與他相比之下，反而顯得很寒酸。

富人向昔日的窮人請求道：「我願意出十萬元，買你如何富有的經驗。」昔日的窮人聽了，哈哈大笑說：「我是用從您那兒學到的經驗，才賺了那麼多的財富，如今你卻要用金錢買我的經驗！」

我們可以讓他人身上的優點成爲自己的，最大的關鍵，就是去「偷學」，就像窮人從富人身上「偷」來的經驗一樣。

「偷」來的優點，不但可以使自己進步，更讓自己有另一種成就感。我們應該多多研究身邊每一個人，讓自己身上也有他人的優點。

保持理智，才不會因為金錢而迷失

追求富裕的人生並沒有錯，但是不能因為名利而忘了最初那顆真心。沒有任何一個有錢人，可偉大到不需要朋友。

生活周遭常常可見一種人，可能稍微有點權勢、財富，就目中無人，總認爲自己享有優勢，做任何事都要求特權。殊不知，許多人看在眼裡、笑在心裡，根本不當一回事。

在這個物質的社會，或許有錢眞的能使鬼推磨，但是金錢絕對無法買到眞感情。一個人要讓人打從心底尊重、敬佩，讓人喜於親近、交往，不是靠存款簿裡的數字就能衡量的。

美國著名《財富》雜誌，曾經在封面上登過一位年僅十九歲的年輕人的照片。這號特殊的人物名叫詹森．斯維斯彭，一家知名網站的擁有者。他在投資者的資助下製作一個名叫「心想事成」的網站，才剛推出就受到熱烈的歡迎。

短短的幾個月內，這個網頁的訪客人數達到九百萬人次之多，詹森．斯維斯彭成爲家戶喻曉的名人，讓人驚嘆道：「難道他會是下一個比爾．蓋茲？」

詹森在網站上收益了上億美元的資金，成爲美國年輕網路新貴的一員。因此陷入成功的狂妄中，認爲自己有非凡的能力，能辦到一切事情。

當時，許多人認爲這絕不是狂言，因爲以他的年齡，成就甚至超過了當年的比爾．蓋茲。有不少預言家也斷定他必定會累積巨大的財富，成爲類似於比爾．蓋茲那樣能影響全球的人物。

不久，美國許多金融家主動提供他貸款，給予巨大的財力支持，他的公司很快就上市，財富的累積像雪球一樣增大，從原來的一億美元擴增到二十六億美元，簡直就是一個財富神話。

他成了美女、媒體追逐的對象，不僅和世界級名模約會，也和大量的媒體接觸，甚至準備拍一部記錄他創業過程的電影。他的生活過得極盡奢華，短短的時間就花去了三．二四億美元。

不久，美國股市風雲突變，詹森公司的股票從原來的一百六十八美元狂跌到二美元，公司宣告破產。

僅僅兩年後，他又變回一個身無分文的普通人。那些曾經和他熱戀的模特兒以及如同蒼蠅一樣追逐他的媒體全部不見了。

詹森四處籌款準備東山再起，這時他才真正感受到，原來借錢竟然如此困難，沒有任何一家公司或金融機構願意借錢給他。

最後，他從叔叔那裡借到了錢，又註冊了一個網站，只是風光已經不再。

詹森說：「經過這些事，我終於明白了，金錢只認得金錢。它不會認得人。以前我失敗的原因是，我總認爲金錢是認得我的。」

有媒體評價說：「這位二十歲的年輕人，以後可以成爲一位哲學家。」

得意忘形的人最容易從雲端跌入谷底，唯有保持理智，才不致讓自己迷失。

少年得志雖叫人羨慕，可是也讓人擔心。太輕易獲得成就，沒有受過太多挫折，因而趾高氣昂，不懂得謙虛爲懷，很容易步入失敗的陷阱。

在現實的社會中，若以爲擁有金錢和權勢就能掌控生活，最好爲自己的「友情」買一份保險。因爲，眞正的朋友，不是用錢買來的。

追求富裕的人生並沒有錯，但是不能因爲名利而忘了最初那顆眞心。

法國有句諺語這樣說：「沒有任何一個有錢人，可偉大到不需要朋友。」

當你有錢時，身邊也許會有很多朋友環繞，但是否曾經想過，有一天當你沒錢時，這些人還會陪伴在你身邊嗎？

不滿足於現狀，就有無盡希望

珍惜現有的機會，努力發揮，能讓成果豐收。但在豐收的同時，也要考慮到下一步該怎麼走，才能讓這項豐收繼續維持且擴大。

《徒然草》的作者吉田兼好有一句名言：「假若擁有兩枝箭，往往會因依賴第二枝而不在乎第一枝。」

相同的，人們也會因爲擁有第一枝箭，放棄尋找第二枝箭的機會。

不管任何人、任何事，都有一定的「延展性」，但是很多人往往只開發了自己和事情的百分之六、七十，就滿足現狀，不再前進。其實，只有不滿足於現狀，人生才會有無窮的希望。

有位作家寫過這樣一個頗具啓發的故事：

當時人們都去開山，但他不像別人那樣把石塊砸成石子運到路邊，賣給建造房子的人，而是賣給杭州的花鳥商人，因爲這裡的石頭總是奇形怪狀，他認爲賣重量不如賣造型。

五年後，他成爲村上第一個蓋起瓦房的人。

後來，不許開山，只許種樹，這裡便成了果園。每到秋天，漫山遍野的鴨梨招來許多商人，他們把堆積如山的梨子成筐成筐地運往北京和上海，再銷往韓國和日本。這裡的梨，汁濃肉脆，大受歡迎。

就在村裡的人爲鴨梨帶來的小康日子歡呼雀躍時，他賣掉果樹，開始種柳。因爲他發現，來這裡，客人不愁挑不到好梨子，只愁買不到裝梨子的竹筐。五年後，他成爲第一個在城裡買房子的人。

後來，一條鐵路貫穿這個村莊，火車北到北京，南抵九龍。小村因此對外開放，果農也進入水果加工的市場。就在一群人集資辦廠的時候，他在他的土地上砌了一面三米高、百米長的牆。

這牆面向鐵路，兩旁是一望無際的梨園。坐火車經過這兒的人，在欣賞梨花時，會突然看到四個大字：可口可樂。據說，這是五百里山川中唯一的廣告。就憑這面牆，他每年有四萬元的額外收入。

二十世紀九〇年代末期，日本豐田公司亞洲區代表山田信一來華考察。當他坐火車路過這個小村時，聽到這個故事，被主人翁罕見的商業頭腦震驚，立即決定下車尋找這個人。

山田信一找到這個人時，發現他正在自己的店門前，與對面店主吵架。因為他店裡一套西裝標價八百元時，對面卻標七百五十元；他標價七百五十元，對門就標價七百元。一月下來，他只賣出八套西裝，對門卻批出八百套。

山田信一看到這種情形，非常失望，以為被講故事的人欺騙了。可是，當山田信一弄清真相之後，立即決定以百萬年薪聘請他。

因為對面的那個店也是他的。

是的，那個人利用「比較」銷售手法，藉著人們認為撿到便宜，不買可惜的心態銷售西裝，不管哪家賣出，獲利的都是同一個人。

就像某家連鎖藥妝店實行「買貴退兩倍差價」的策略，剛開始雖然虧損五十萬，但銷售額成長了百分之三十，也提高顧客來店率。幾年下來，業績由虧轉盈，打下穩定的基礎。

能在經營期間，就看出未來發展性而採取積極行動的人，往往善於應用大腦，適時做改變。見好就換，並不是愚蠢做法，而是比別人早看到下一步，並實行它。這類型的人，成功往往伴隨在他左右。

如果人只懂得抓緊現有的東西不放，日子久了之後，很容易被環境淘汰。

珍惜現有的機會，努力發揮，能讓成果豐收。但在豐收的同時，也要考慮到下一步該怎麼走，才能讓這項豐收繼續維持且擴大。

在自己的領域活出意義

與其勉強模仿另一個人，不如發揮自己的強項，讓自己與別人不同，還比較有機會突顯自己，建造屬於自己的領域。

人總是在生活中力爭上游，想辦法讓自己成爲優秀分子。有些人認爲進入所謂上流社會，就代表高人一等，所以想盡各種辦法要讓自己「升級」，了解上流人士平常都做些什麼。

於是，有人開始學習打小白球，有人則想盡辦法參加上流社會的聚會，爲的就是和這群「特別」的人有所交集。

然而，一味地模仿，眞的能改變自己的身分嗎？

很久很久以前，有一群牛在一望無際的原野上生活。牠們的性情非常溫馴，彼此相處和睦，互相照顧，還一起尋找繁茂的青草地。每到一處，都會選擇柔軟細嫩的青草進食，飲用清涼甘美的泉水。牠們悠然自得生活在藍天白雲之下，牛群數目也越來越多。

有一頭驢子看到這群朝夕相處、幸福生活在一起的牛，心裡非常羨慕。能像牛群那樣悠然沉穩地咀嚼柔嫩的青草，慢條斯理飲用甘美的泉水，自由自在且安靜生活，是驢子很久以來的夢想，於是下定決心要模仿牛的種種生活方式及行爲舉止。

一天，驢子跟著牛群遷徒到一處水草肥美的地方。驢子混在牛群中間，左顧右盼，前跑後晃，牛群對牠表示謙讓。驢子心中因此得意起來，趾高氣揚地跟在牛屁股後面，儼然成了牛群中的一員。

但是，驢子就是驢子，無論如何也改變不了本性，變成一頭牛。牠根本不可能像牛那樣安詳沉靜地吃草，總是忍不住用蹄子前刨後挖，把青草踏爛，把泥土翻起來，好端端的草地一會兒就被牠踐踏得不成樣子。

然後，驢子又極不安分地跑到水中去飲水、遊玩，將清澈的池水攪成泥湯，接著又模仿牛的叫聲。

可是，不管牠怎麼拚命地叫「我是牛，我也是牛」，卻依然改變不了驢子那世人皆知的難聽聲音。

最後，這群溫和的牛終於受不了驢子拙劣的表演，覺得牠破壞了牠們生活的秩序。於是，牛群們聚集起來，用角攻擊這頭愚蠢的驢子，沒多久，這頭驢子便癱在爛泥地上，奄奄一息了。

牛群將驢子丟棄在曠野上，邁著步伐，浩浩蕩蕩繼續尋找新的水草。

懂得適時改變自己的態度，放下那些虛無、偏頗、怨懟、嫉妒、自以爲是……等等束縛自己心靈的枷鎖，人生才有寬闊的出路，不繼續沉陷痛苦之中。

和別人同化，看似光榮，其實已經迷失自己。每個人都有個自我，不管怎麼隱藏，它還是存在的。

說句殘酷的話，不管你再有錢、權勢再大，一定都有人比你更高一層。這樣的自己，不管再優秀，也只是優秀群中的其一，更何況一般人呢？

與其勉強模仿另一個人，不如發揮自己的強項，讓自己與別人不同，還比較有機會突顯自己。

驢子曾是人們任勞任怨最好的工作夥伴，雖然牠跑得沒有馬快，走得沒有牛穩重，卻可以背負著重物，長時間勞動，這就是牠與其他動物不同之處，也是牠的存在價值。

人也是同樣的道理，或許我們沒有天分、背景，讓自己拼過一個又一個比自己優秀的人，但是我們可以「比人不同」，建造屬於自己的領域。

3
PART

能夠忍耐，便沒有阻礙

一個人的忍耐功力，往往是成敗的關鍵。
別低估自己所能承受的忍耐力，
這是一個人生命中最有價值的資本。

不受表相影響，才能靠近真相

事實就像拼圖，人們看到的只是拼圖的一角，並非全部。我們更該注意且提醒自己：「表相並不代表真相。」

我們每天都會從媒體上接收到許多資訊，其中有正確的，也有錯誤的。因此，看到某張照片、聽到某段話，千萬不要認爲：「事情就是這樣子，錯不了！」千萬不要讓表面現象蒙騙了。

好比瞎子摸象，每一個人所說的感覺都是「對」的，但是大象卻不單單只像蛇、牆壁或柱子。

人們總認爲自己很客觀，用眼睛和耳朵去看去聽，用鼻子、皮膚去聞去感受，可是卻很少能分辨出，感覺出來的「事實」背後的「眞相」。

有時候，事實並非眞如想像的那樣！

英格麗．波曼十八歲那年參加皇家戲劇學校的考試。輪到她上台表演時，英格麗毫不緊張，認眞演出精心準備的作品，努力呈現最好的那一面。

就在演出的過程中，她的眼神從觀衆席上轉到評審身上，在那短短的一瞥中，令她大失所望。

她看到評審們個個漫不經心，時而聊天，時而說笑、比劃著，一點也沒有用心注意她的表演。

她絕望極了，認爲自己一定表演得很差，才引不起評審的興趣。到最後，失落的她甚至連後面的台詞也差點忘掉了。

突然，她聽到評審們說：「好了好了，謝謝妳，小姐！下一個……」英格麗腦海裡一片空白，才表演到一半就被趕下台，她的世界一下子混亂，眼眶也因爲淚水漸漸模糊了。

離開試場後，她來到一條小河邊，難過地望著水面上的倒影，覺得自己再也活不下去。她想在那裡結束自己的生命，但因爲河水太髒，臭氣薰天，動搖輕生的念頭。

沒想到，第二天，她竟然收到皇家戲劇學校的錄取通知書。

若干年後，英格麗．波曼與那幾位評審們巧遇，對他們說起當年的情景，大家聽到都瞪大眼睛驚訝萬分。

其中一位評審立刻告訴英格麗：「眞是天大的誤會。那天妳一上台，我們就一致認爲妳中選了。妳是那麼的有自信，這是表演者最重要的特質，我們都很欣賞妳的台風。我當場對另外幾個評審說：『好了，別浪費時間了，就是她了！可以叫下一位上台了。』」

當你懊惱著自己表現不如理想的時候，情況或許沒你想的那麼糟。

英格麗．波曼看到的，是評審散漫的行為，是對自己的一種否定。沒想到他們所說的，卻是對自己的讚賞。如果當時英格麗就因為這樣做出不理智的行為，豈不是帶著遺憾離開人世？

事實就像拼圖，我們看到的只是拼圖的一角，並非全部。只看到部分事實，就譴責、定罪他人，而造成傷害的例子太多了。所以我們更該注意且提醒自己：「表相並不代表眞相。」

風箏在高空中看似靜止，其實它正不斷被風狂吹、被線拉扯；天鵝在水面上看似靜止、姿態優雅，水面下的雙蹼卻必須不斷地擺動。無論看到什麼現象，都要客觀冷靜，用點心去觀察背後的眞相，別太快妄下斷語。

能夠忍耐，便沒有阻礙

一個人的忍耐功力，往往是成敗的關鍵。別低估自己所能承受的忍耐力，這是一個人生命中最有價值的資本。

當蚊子「嗡、嗡、嗡」地在耳邊飛上飛下時，相信多數人會停下手邊的工作，全身充滿殺氣，爲的就是將蚊子一掌解決掉。

蚊子尙好解決，若對象換成人、工作、噪音……時，又該怎麼辦？總不能一遇到麻煩事，就怒氣纏身，非得殺個片甲不留不可。

你是否曾經因爲壓力、煩惱，讓自己恨不得當個什麼都看不見、聽不到的人？即使如此，問題還是不能解決，該面對、該處理、該負責的事情也不會消失。此時，又該怎麼辦呢？

有時候，人生就是需要「忍耐」來支持自己走下去。

有一個年輕人脾氣暴躁易怒，常常和別人打架，很多人都不喜歡他。

有一天，他無意中遊蕩到大德寺，碰巧聽到一休禪師正在說法，聽完後深受感動，發誓痛改前非。

他對一休禪師說：「師父，我以後再也不跟人家打架、起口角了，免得人家看了我就討厭。就算是別人往我臉上吐口水，我也要忍下怒火，耐心擦去，默默地承受對方的不敬。」

禪師聽了年輕人的話，笑著說：「何必擦呢？就讓唾沫自行乾了吧。」

年輕人聽了有些驚訝，問禪師：「怎麼可能不把別人的唾沫擦掉呢？爲什麼要這樣忍受啊？」

一休禪師回答說：「這沒有什麼能不能忍受的！你就把它當作蚊蟲停在臉上，

不值得開口罵它或打它，即使被別人吐了唾沫，也不是什麼大不了的侮辱，就微笑地接受吧！」

年輕人勉強接受，但馬上又問：「如果對方不是吐口水，而是用拳頭打過來時，又要怎麼辦呢？就這樣站著讓他打嗎？」

一休禪師回答：「不都一樣嘛！根本不用太在意，只不過是一拳而已。」

年輕人聽了，認為一休禪師說得實在太過誇張，頓時怒火上升，終於忍耐不住，突然舉起拳頭，朝著一休禪師的頭猛力揮了一拳，並問他：「和尚，你說現在該怎麼辦？」

一休禪師非常關切地說：「我的頭硬得像石頭，沒什麼感覺。倒是你的手，大概打痛了吧？」

年輕人當場楞在那裡，再也無話可說了。

嚐遍人間一切心酸冷暖的法國作家巴爾札克曾經如此說過：「忍耐，是支持工作的資本之一。」

遇到不如己意的事，忍耐並不是退縮、懦弱的表現，只是用平常心去面對人生一些不平的境遇。

人生難免有不如意的時候，有無理之人、惱人之事困擾著自己，和這些「考驗」起口角、暴衝突，都是不值得的。

韓信能忍胯下之辱，才有日後的成就。若當時的他忍不下一口氣，和人起爭執，大概已經英年早逝了。

一個人的忍耐功力，往往是成敗的關鍵。別低估自己所能承受的忍耐力，這是一個人生命中最有價值的資本。

不加入閒言閒語，才不會傷害自己

在你面前批評別人的人，也會在別人面前議論你。別跟著起鬨，小心落人把柄，讓自己成為下一個被評論的主角。

在一盆乾淨的水中倒入一滴墨水，雖然只會激起一點點漣漪，又歸於平靜。但是，乾淨的水已不再清澈，隱隱約約有著黑色粒子存在。

「閒言閒語」就像這滴墨水，看似渺小、無殺傷力，卻會造成永久的傷害。貪圖一時口快，隨口說說他人的「芝麻小事」而破壞了人際關係，是最不必要，也是最大的損失。

或許你會說：「反正我也不喜歡他，那傢伙怎樣也和我毫不相關。」

殊不知，當你議論別人的同時，也是他人評估你的開始！

聖菲利普是十六世紀深受人們愛戴的羅馬牧師。

一位年輕的女孩來到聖菲利普牧師面前，傾訴自己的苦惱。原來女孩有個不好的習慣，喜歡說三道四，傳些無聊的八卦。雖然她的心地不壞，但是這些閒言閒語傳出去後，常常帶給他人傷害。久而久之，人們都遠離她，再也沒人願意和她當朋友，因此她覺得很孤獨。

聖菲利普聽了對女孩說：「妳不應該任意談論他人的缺點。我知道妳也爲此苦惱，但妳要爲此贖罪。到市場上買一隻母雞，走出城鎮後，沿路拔下雞毛，四處散佈。妳必須一刻也不停手地拔，直到拔完爲止。做完這件事之後，才可以回到這裡找我。」

女孩覺得這個贖罪方式非常奇怪，但爲了消除自己的煩惱，沒有任何異議答應了。她買了一隻母雞，走出城鎮，遵照吩咐拔下雞毛沿途丟棄，然後回去找聖菲利普，告訴他已完成所吩咐的事情。

聖菲利普說：「妳已經完成贖罪的第一個部分，現在要進行第二部分。妳必須回到散佈雞毛的路上，撿回所有的雞毛。」

女孩走回原路，可是這時候，風已經把雞毛吹得到處都是了。她只撿回部分雞毛，無法撿回全部。

女孩回來說：「我沒辦法撿回所有的雞毛。」

聖菲利普說：「沒錯，我的孩子，妳是無法撿回所有的雞毛。那些脫口而出的愚蠢話語不也是如此嗎？妳常常從口中吐出一些無聊謠言，有可能跟在它們後面，在想收回時就收回嗎？」

女孩低下頭慚愧的說：「不能。」

「那麼，當下次妳想說別人的閒話時，請閉上妳的嘴，不要讓這些邪惡的羽毛散落路旁。」聖菲利普誠懇地告誡她。

說別人的「壞話」，會有一種莫名的快感，因爲這是發洩情緒的一種方法。可是，在開口議論別人的同時，也是顯現自己內在的時候，人們會根據你說話的內容，評斷你的人品。不管你說的是否屬實，一個喜歡說人閒話的人，通常會被認定爲膚淺、沒水準的人。

話雖如此，將說「閒言閒語」當成興趣的人還不少，一天不說個幾句就會要了他的命。遇到這樣的人時，如何應對也是非常重要的。

有句饒富深意的西班牙諺語是這樣說的：「在你面前批評別人的人，也會在別人面前議論你。」

當別人在你面前說他人壞話時，千萬別做出任何評斷，也別跟著起鬨，小心落人把柄，讓自己成爲下一個被評論的主角。

被需要，是保持活力的特效藥

需要，是保持活力的特效藥；能成為「被需要」的對象，生命才會更有意義，即使必須因此而忙碌，也會覺得自己很幸福。

有一位長輩，五十好幾還是孤家寡人一個。他的生活過得非常節儉樸實，可是對家人朋友卻非常慷慨，總是不計一切地付出。

小的時候，總覺得這個長輩好奇怪，爲什麼他不對自己好一點，讓自己的生活過得舒適一點呢？直到現在才眞正明白，對他來說，被親朋好友需要，就是他最大的幸福！

不管碰到任何事，我們都不會害怕與惶恐，因爲我們知道，永遠會有個人在那裡，支持、幫助我們。

在某個城市的一家醫院，同一間病房裡住著患有相同絕症的兩位病人，不同的是，一個來自鄉下地方，另一個則生活在醫院所在的大城市裡。

住在城市裡的病人，每天都有許多親朋好友以及同事前來探望。

家人前來時，總是憐惜地說：「家裡的事你不用擔心，還有我們呢。你只要安心養病就可以了。」

朋友探望時，則是安慰著：「現在你什麼也別想，專心養病就行。大夥兒都會抽空來看你的。」

同事來時，會開導他：「你放心，工作上的事，我們都替你安排好了，你現在的工作就是養病。」

來自鄉下地方的病人只有一位十二、三歲的小男孩看護著。他的妻子十天半個月才能看他一次，大多是爲了送醫藥費和一些換洗衣物而來。妻子每次來，總是不停地說東道西，要丈夫爲家裡的事情拿主意。

例如，「快要播種了，今年要種西瓜，還是番茄？」「再過兩天，大伯就要嫁女兒了，需要送多少賀禮呢？」「女兒吵著要和表哥出遠門，該不該答應？」等等瑣碎問題。

幾個月後，戲劇性的變化發生了。生活於城市裡的那位病人，在親人、朋友、同事一聲聲「你放心吧」、「你就安心養病吧」的安慰聲中，感覺到他們已經不需要自己了，再也沒有活著的價值和意義。漸漸地，他失去與病魔戰鬥的信心和勇氣，在孤獨寂寞與病魔的侵蝕中，一點一滴地流失生命力，最後在某個安靜的夜晚死去。

至於來自鄉下地方的病人，則在妻子大事小事都要自己定奪、拿主意中，意識到家人不能沒有自己，無論如何都必須活下去，一股強烈的求生慾使他奇蹟般地活了下來。

世界沒了你，太陽依然會升起。但是身旁的人沒了你，生活將會完全改變時，你大概想盡辦法，也會讓自己活下去。就是這個信念，讓來自鄉下地方的病人，拼了命活下去。

大家都「需要」你時，或許你會感到不耐、困擾，忍不住想大喊：「爲什麼每件事都要找我！」

換個角度想，那是因爲自己很「重要」，非你不可。如果有一天，再也沒有人需要你，有你沒你都行時，空虛就會漸漸侵入生命裡。

需要，是保持活力的特效藥；能成爲「被需要」的對象，生命才會更有意義，即使必須因此而忙碌，也會覺得自己很幸福。

打開窗口，別讓冷漠成為殺手

想想自己是否看到、聽到人們求救的聲音時，卻冷漠走過。就算人不是你殺的，「冷漠」卻會讓你成為幫兇。

友人曾在一個大路口目睹車禍發生，坐在機車上等紅綠燈的她馬上打電話叫救護車。

正當她講電話時，身旁不但沒人有動作，甚至以怪異眼光看她。在確定救護車把傷者載走後，她才離開現場。

事後，她打電話到醫院詢問傷者情況時，還被護士反問：「妳是他的家人嗎？還是是妳撞到他的？」

得知只是關心詢問時，護士直呼不可思議：現在很少有這樣熱心的人了。

在一個可怕的夜晚，狂風暴雨、雷電交加。蒸汽渡輪「埃爾金淑女號」撞上一艘滿載木材的貨輪，船上三百九十三名乘客全部掉入密西根湖的冰冷水中，他們拼命地掙扎，希望能獲得救援。

一位名叫史賓塞的年輕大學生游上岸後，又奮勇跳入冰冷的湖水中，一次又一次救出溺水的人。當他從湖水中救出第十七個人之後，終於因筋疲力盡而虛脫，再也無法站起來。從此之後，他在輪椅上度過了自己的後半生。

多年後，在某個機會下，一家報紙訪問他，那晚之後他最難忘的事是什麼時，史賓塞的回答是：「十七個人當中，沒有一個人事後向我說聲謝謝。」

這位因奮力救人而把自己餘生放進輪椅的青年，要的僅是一聲「謝謝」。然而他失望了，人們的冷漠並沒有因他的犧牲而有所改變。

紐約一個貧窮髒亂的法庭上，正審理著一樁偷竊案，當時任紐約市長的拉巴地亞，旁聽了這樁偷竊案的審理過程。

被告是一位老婦人，被控罪名爲偷竊麵包。法官審問到她是否清白或願意認罪時，老婦人怯懦地回答：「我需要麵包餵養我那幾個餓著肚子的孫子，他們已經兩天沒吃到任何東西了……」

法官聽完，做出以下判決：「我必須秉公辦事，妳可以選擇十美元的罰款，或者是十天的拘役。」

判決宣布之後，拉巴地亞從席間站起身來，脫下帽子，往裡面放進十美元，然後面向旁聽席上的其他人說：「現在，請每個人另交出五十分的罰金，這是爲我們的冷漠所付的費用，處罰我們竟讓一個祖母偷東西，只爲了餵養孫兒這樣的事，發生在我們所居住的城市。」

那一刻，旁聽席上的人們感到無比的驚訝與肅穆，每個人都悄無聲息，面有愧色地捐出了五十分。

不幫助他人是個人自由，但是在這個人們互相依存的社會裡，很難擔保自己哪天有需要別人幫助的時候。

現在的治安之所以敗壞，大都起於人們冷漠的心。

看到強盜出現，不一定要幫忙抓賊，但是，至少打電話報警，而不是眼睜睜看著被害人遭受攻擊、傷害。

當一個受虐兒又傷重死去時，不必急著譴責那些不負責任的父母，而是先想想自己是否看到、聽到人們求救的聲音時，卻冷漠走過。

就算人不是你殺的，「冷漠」卻會讓你成爲幫兇。

「冷漠」或許是大環境的反應，是人們明哲保身的方法。但是，每當有刑事案件發生時，相關者成爲衆人注目焦點，案發地點也成觀光勝地，人們是如此「熱心」注意調查進度。

如果每個人都能以這樣的「熱心」，來關心受虐兒、中輟生、貧寒家庭，相信社會亂象一定會改善許多。

與其責備，不如給未來一個機會

事後的責備並不會改變現狀，倒不如想想未來該怎麼做，讓每個在過去受傷、失落的心靈，都能平和的面對未來。

情緒性的責備，常出現在許多父母與子女之間，造成親情失和的狀況。

在父母的心裡，對子女總是抱著很大的期許，就算失敗了，也會盡量幫助他們。可是，期望越大失望就越大，一時情緒之下的責備，反而造成子女日後的心理傷害。尤其心靈不夠成熟的孩子，之後有好的成就出現時，也不會諒解父母當年責備的言語。

蓋爾和簡在大學時認識，不僅是同學，也是很好的朋友。

簡的父母，懷特夫婦共有六個孩子，三男三女。因爲其中一個女孩早年夭折，剩下的五個孩子非常珍惜彼此之間的感情。簡的家人都非常熱情，將蓋爾當作親戚般對待。

有一年夏天，蓋爾、簡及兩人的妹妹計劃一次長途汽車旅行。簡和他妹妹莎拉有多年駕駛經驗，蓋爾的妹妹艾美剛滿十六歲，獲得駕照不久，可以在旅途中偶爾小試身手，讓她非常興奮。

莎拉、簡和蓋爾輪流駕車，到人煙稀少的地方時，就讓艾美練習開車。通過南加利弗尼亞時，正好是由艾美駕車。

開到一個十字路口，艾美沒有注意到前方亮起的紅燈，快速闖過去，結果與一輛大拖車相撞，造成簡當場死亡，莎拉頭部受傷，艾美腿骨骨折，蓋爾只有擦破一點皮。

蓋爾非常悲傷，不知道該如何告知懷特夫婦簡的死訊，自己失去一個摯友，已經感到無比心痛，懷特夫婦失去的卻是一個孩子，對他們來說，這將是何等殘忍啊！

懷特夫婦接到電話，立刻趕到醫院。他們緊緊擁抱住蓋爾和艾美，內心悲喜交加。悲的是，他們失去一個孩子，喜的是，他們還有四個孩子活著。懷特夫婦擦乾蓋爾臉上的淚滴，開始與他們談笑。

這使蓋爾很震驚，懷特夫婦完全沒有指責和抱怨。蓋爾問懷特夫婦爲什麼沒有教訓艾美，因爲簡死於她闖紅燈造成的車禍。

懷特夫人說：「簡離開了，我們都非常想念他。可是，不論我們再如何抱怨，都不能讓簡回來。艾美還有很長的人生道路要走下去。如果我們責怪艾美，讓她背負死亡的包袱，她又怎能擁有一個完整、健康和美好的未來呢？」

懷特夫婦的做法完全正確，艾美在大學畢業不久後，成爲一名特教老師，幫助智障兒童學習成長。後來，艾美的兒子取名爲「簡」。

一味活在過去，不懂得活在當下開創未來的人，是最愚不可及的。無論過去如何不堪回首，畢竟都已經過去了，又何必讓自己和別人陷溺其中？

事情發生後，適度的檢討可以避免重蹈覆轍，幫助自己成長。至於事後的「責備」，不但無濟於事，反而會造成更多的傷害。

我們無法改變過去，更無法挽回已逝的生命。失去了那麼多後，還要毀掉現在，和未來美好的日子嗎？

懷特一家人除了擁有寬容的一顆心，更熱愛生命，不願意再次毀掉另一個年輕的心靈。他們拯救的不只是蓋爾和艾美，甚至是無數需要幫助的兒童。

事後的責備並不會改變現狀，倒不如想想未來該怎麼做。最重要的是，讓每個在過去受傷、失落的心靈，都能平和地面對未來。

面對偏財更要謹慎對待

「錢」的多少並非引發禍事的主因，而是人「心」的問題。金錢，引出人性貪婪的一面，用盡各種防範手段，就怕人們覬覦。

「如果中了樂透頭獎，你想做什麼？」假使有人這樣問我，我一定毫不猶豫地回答：「準備逃難！」

能成爲大筆獎金的得主，是許多人一生夢寐以求的希望，但眞正能成爲那些幸運兒的人，卻是少之又少。有錢的確能讓自己過想要的生活，可是突然有了太多錢，可就讓人頭疼了。

天外飛來一筆偏財時千萬別太高興，因爲緊接而來的可能就是橫禍了。

看完以下幾則故事後，下次樂透得主不是你時，或許心理會好過點。

年約三十的雪莉與丈夫法蘭克花十美元買的彩票中了兩千六百萬美元，夫婦倆辭了工作，買了高級跑車、珠寶，到各地旅遊。接著，雪莉在家鄉買了一幢別墅，打算清閒地過後半輩子。

誰知，法蘭克沒有固定的工作後，生活過得愈來愈靡爛。過去，他很愛惜家中的那輛舊摩托車，如今卻要休旅車和豪華遊艇才能滿足。夫妻倆在花錢方面經常發生爭執，最後決定離婚，家產和獎金各分一半。

在享受過豪華的生活後，雪莉時常自問：「有一房子的古董和一大箱珠寶究竟有什麼意義？」

她花錢很省，但在慈善捐款時則毫不吝嗇。她說：「這個世界是不完美的，在這個不完美的世界上，我寧可要美滿的婚姻而不要錢。」

一九九七年十月二日，麥克·比爾在紐澤西州中了四百三十四萬美元的大獎。他的母親菲麗絲對他提出控告，認爲這筆獎金應由兩人平分，因爲這張獎券是他們兩人合買的。

據他們的朋友說，母子兩人的關係一向很好，並且經常一起出二十美元買獎券。結果，麥克與母親的關係從此破裂，再也無法回到從前。

賓西法尼亞州的威廉·普斯特，買彩票中了一千六百二十萬美元的大獎，從此不幸接踵而至。他的親兄弟爲了奪得那筆獎金，居然僱了一名殺手，企圖殺死普斯特和他的妻子。事後，他的妻子和他離婚，帶走一半獎金。中獎五年後，普斯特便宣告破產了。

因爲金錢，有人失去了最愛，也因爲金錢，有人失去了性命。到底有錢是件好事還是壞事呢？

其實，「錢」的多少並非引發禍事的主因，而是人「心」的問題。

金錢，引出人性貪婪的一面，你必須用盡各種防範手段，就怕人們覬覦。因此，你失去平靜生活，整天提心吊膽，疑神疑鬼。因此，你失去生活目標，不知人生還有什麼意義。

有些人在中獎之後，乾脆把獎金分給親朋好友，或者多數捐給慈善機構，並且做好自己的生涯規劃，甚至繼續日常工作不改變。只有這些人，才能眞正享受中「樂透」的喜悅。

不必羨慕那些得獎的幸運兒，也不用盯著每期開獎數字讓心情大起大落。因爲，得到偏財的同時，往往隱藏著橫禍。

永遠別忘了一個原則：「生命中最美好的事物是無法用金錢買到的。」

美麗的未來建構於現在

我們反省過去的經驗，擬定未來的計劃，然後在現在實行。肯思考，肯努力，才能塑造自己的未來。

我們能坐在山坡上欣賞美麗風景，是因爲有前一段努力爬坡的過程；一場震撼人心的演出背後，是無數次辛苦練習的成果；小鳥要破蛋而出時，也要奮力啄裂困住自己的蛋殼。

現在的自己，都是過去塑造出來的，也就是由過去的種種經歷，累積出現在這個個體。那未來的自己，是不是也要現在的自己去發展、形成呢？

不管是過去、現在還是未來，生命都是息息相關的。

一個窮漢每天都在田地辛苦的工作，活了大半輩子，從來不知道有錢是什麼感覺。

有一天，他突然想：「與其每天辛苦工作，不如向神靈祈禱，請祂賜給我財富，供我今生享受。」

他爲自己聰明的想法深感得意，於是就把弟弟喊來，將僅有的家產委託給他，吩咐他每天一定要到田裡耕作，別讓家人餓肚子。

窮漢仔細交代後，認爲沒有後顧之憂，就獨自來到天神廟，爲天神擺設大齋，供養香花，不分晝夜地膜拜，畢恭畢敬地祈禱：「神啊！請您賜給我安穩和金錢，讓我財源滾滾而來吧！」

天神聽見這個窮漢的願望，心想：「這個懶惰的傢伙，自己不工作，卻想謀求巨大財富。倘若他前世曾做布施，累積功德，給他些利益也未嘗不可。可是，查看他的前世行爲，根本沒有布施的功德，現在卻拼命向我求利。不管他怎樣苦苦要求，都是沒有用的。但是，若不給他一些利益，他一定會怨恨我，不妨用些技巧，讓他死了這條心吧。」

因此，天神化作他的弟弟，也來到天神廟，跟他一樣祈禱求福。

窮漢抬頭看見弟弟，不禁生氣地問他：「你來這兒幹嘛？我吩咐你去播種，你播下了嗎？」

弟弟說：「我也想跟你一樣，不用那麼辛苦的耕作，直接向天神求財求寶。我想天神一定會讓我衣食無憂的。縱使我不努力播種，天神也會讓麥子在田裡自然生長，滿足我的願望。」

懶漢一聽弟弟的祈願，立即罵道：「你這個混帳東西，不在田裡播種，就想等著收穫，實在是異想天開。」

弟弟聽見哥哥罵他，就故意反問：「你說什麼？再說一遍聽聽。」

「我就再說一次給你聽，你不播種，哪能得到果實呢？這樣的行爲太傻了！」哥哥氣憤地說。

這時，天神才現出原形說：「誠如你自己所說，不播種哪來的果實呢？」

雖然努力不一定會有收穫，但是不努力，絕對沒有收穫。人其實是同步活在過去、現在與未來裡的。我們必須反省過去的經驗，擬定未來的計劃，然後在現在實行。

能眞正擁有未來的人，並不是走一步算一步的人。在每一個步伐中，即使迷惘、疑惑，也都是替未來鋪路前的一段熱身。

肯思考，肯努力，才能塑造自己的未來。想要怎樣的未來，取決於現在做些什麼、該做什麼！

未來想要怎麼收穫，就得看現在的你怎麼播種、怎麼努力耕耘，最後才會得到相對的結果。

4

PART

把自己的缺點變特點

每個人都有屬於自己的「特色」，
不管世俗眼光是否認同，
那就是「你」，獨一無二的自己，
沒有第二個人可以取代。

立即行動，才能解決困境

只要開始，任何事都不會太難，人類在碰到逆境時，往往能刺激潛能，發揮意想不到的能力。

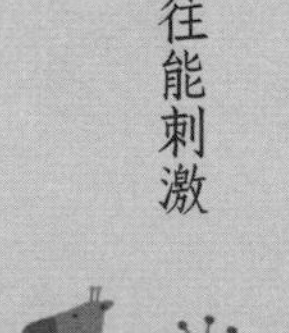

大學時代，一位教導劇本的老師派了一項作業：寫出兩百場的劇本來。

當時，每個人都愣住了，認爲這是一項不可能的艱鉅任務，尤其對非本科系的學生來說，更是困難重重。

結果學期結束後，全班都如期完成這項作業。

「Just Do It !」做就是了。不要猶豫不決，別讓那些負面思考加深恐懼，只要往前走，你將發現光明就在不遠處。

西華．萊德先生是著名的作家兼戰地記者，曾在一九五七年四月號的《讀者文摘》上撰文表示，他收到過最好的忠告是「繼續走完下一哩路」。

以下是從文章中擷取出的幾個小段落：

「第二次世界大戰期間，我跟幾個人不得不從一架破損的，即將摔毀的運輸機上跳傘逃生，迫降在緬印交界處的樹林裡。當時唯一能做的，就是拖著沉重的步伐往印度走。全程長達一百四十英哩，必須在酷熱的八月和暴雨的侵襲下翻山越嶺，長途跋涉。」

「才走了一個小時，我一隻長筒靴的鞋釘突出鞋底，扎傷了腳。到了傍晚，雙腳都流出血，傷口範圍像硬幣般大小。我能一瘸一拐地走完一百四十英哩嗎？別人的情況也和我差不多，有的甚至更糟糕，他們能不能走到呢？我們都以為自己完蛋了，但是又不能不走。為了在夜晚降臨前找個休息的地方，我們別無選擇，只好硬著頭皮走完接下來的一英哩路。就這樣一英哩接著一英哩，我們終於走到目的地。」

「當我推掉其他工作，開始寫一本二十五萬字的書時，心一直定不下來。好幾次，我差點就放棄一直引以為榮的教授尊嚴，想大聲地說：『我不想寫了！』可是，我沒有這樣做。最後，我強迫自己只去想下一個段落該怎麼寫，而非下一頁，當然更不是下一章。整整六個月的時間，除了一段一段不停地寫以外，什麼事情也沒做，結果居然寫完了。」

「幾年以前，我接了一件每天寫一個廣播劇本的差事，到目前為止一共寫了二千個。如果當時簽了一張『寫作二千個劇本』的合約，一定會被這個龐大的數目嚇倒，甚至把它推掉。好在，一次只寫一個劇本，接著又寫一個，就這樣日積月累，真的寫出這麼多部了。」

不要害怕眼前或想像中的困境，成果是一步步累積出來的，只要能跨出第一步，不停地往前走，就能達到目的地。冷靜地想想，有時候看起來像「障礙」的東西，其實不存在，都是自己給自己的限制，只要用冷靜的心情面對困境，能跨越它，就能繼續往前進。

很多人面對挑戰時，第一個浮現在腦海裡的念頭就是慌亂地認爲：「我一定做不到，那太困難了！」

或許是因爲負荷量太大，也或者是因爲難度太高，許多人行動之前總認爲自己不可能做得到。然而，不管是哪一種理由，只要下定決心開始進行，任何事都不會太難。

會以爲困難重重，是因爲潛能並沒有完全發揮。要知道，人類碰到逆境之時，往往能刺激潛能，發揮意想不到的能力。

別想著還有多少事情還沒完成，先做再說。路邊的小花即使颳風下雨，只要活著，就會努力生長，因爲那是它將生命延續下去的生存本能。人也一樣，不管如何都得朝目標勇敢前進。

捨棄眼前小利，是為了長遠契機

人生道路還很長，別為了眼前的小利，放棄遠大的夢想。記得時時反問自己：「我的夢想價值多少？」

走出校園後，許多大學畢業生找不到合適工作，但卻已經有兩三家公司請她去上班。在許多條件不錯的選擇中，她獨獨看上一間薪資普通的小公司。

每個人都認爲她很傻，爲什麼要放棄好機會，去做個小職員？一段時間後，她發揮所學，屢屢爲公司創下佳績，職位連升幾級，也被賦予重任。幾年後，這間小公司翻身爲知名企業，她自然也前程似錦。

因爲獨到的眼光，讓她捨棄眼前的小利益，選擇有前瞻性的工作，她知道什麼才是適合自己的道路。

亨利在貧窮的家庭中出生，雖然過得很辛苦，但是家裡卻充滿了愛和關心，他活得非常快樂，而且充滿朝氣。

亨利的運動細胞特別發達，十六歲的時候，便能夠扔出時速九十英哩的快速球，並且準確地擊中美式足球場上任何一件移動的東西，他希望自己能在運動上闖出好成績。

他的高中教練奧利．賈維斯認爲亨利是個人才，也是亨利人生道路上的啓蒙老師。他讓亨利知道，人必須相信自己，擁有一個屬於自己的夢想，這樣不僅可以改變生活條件，也會有不同的人生。

亨利高中三年級的那年夏天，一個特殊的經驗讓賈維斯教練永遠地改變了亨利的生活。

當時，一個朋友推薦亨利一份暑期工讀工作。這也意味著他的口袋裡將會有錢，不但可以買輛自行車和新衣服，更能夠開始存錢爲母親買一棟房子。這份工作對他來說極具誘惑，讓他高興得跳了起來。

可是，他也意識到，如果做這份工作，暑假就無法練球，也不能參加比賽了。他把這件事告訴賈維斯教練的時候，教練如他預料般生氣了。

「你還有一生的時間可以去工作，」教練說：「但是，你練球的日子是有限的，你根本浪費不起！」

亨利低著頭站在教練面前，努力想解釋，爲了那個替媽媽買房子的夢想，即使讓教練對他失望，也覺得值得。

「孩子，你做這份工作能賺多少錢？」教練問道。

「每小時三點二五美元。」

教練繼續問道：「你認爲，一個夢想就值一小時三點二五美元嗎？」

這個問題，赤裸裸地擺在亨利的面前，讓他看清了立刻得到某些東西和樹立一個目標之間的不同之處。

那年暑假，亨利全心投入練球。後來，他在亞利桑那州的州立大學獲得美式足球獎學金，得到繼續接受教育的機會。

一九八四年，亨利與丹佛野馬隊簽署一份一百七十萬美元的合約。他終於為他的母親買了一座房子，實現了夢想。

曾獲得諾貝爾和平獎的史懷哲博士說過：「假若只需要一份工作，這世上的工作太多了。問題是，人必須選擇一份有意義的工作。」

這個道理雖然很多人懂，但是面臨抉擇的時候，能做到的卻不多。放棄眼前馬上就能擁有的，選擇去做得努力一陣子才可能有點成就的事，必須要有冷靜的頭腦，以及很大的決心和遠見。

如果你只是為了薪水而工作，就無法在工作中得到更深的體會，自然沒有好的效率，又怎麼會有開拓性的未來呢？

人生道路還很長，別為了眼前的小利放棄遠大的夢想。記得時時反問自己：「我的夢想價值多少？」

嘗試，是成功的開始

成功並非完全是上天的恩賜，想要達到目的地，就得付出努力，走過各階段的磨練，最終才能享受成功的喜悅。

有些人看到別人出色的成就，除了羨慕之外，甚至會心生嫉妒，說出酸溜溜的眼紅話：「哼，他只不過是運氣比較好。如果給我相同的環境，我就不信我會比他差！」

成功眞的只是靠機運嗎？

那是絕對不可能的。

或許有些人天資聰穎，打拼過程較他人容易些，但不代表成功就能唾手可得。

每顆果實成熟前，都必須歷經播種、發芽、開花，才能結果。

葛爾．波頓早年埋頭於發明創造，先發明了脫水肉餅乾，但並未替他帶來任何財富，反而讓他在經濟上陷入窘境。由於第一次失敗的教訓，波頓經過兩年反覆試驗，終於又製成另一種新產品——煉乳，決定把它推向市場，第一步就是替產品申請專利保護。

波頓發明的煉乳，用一種純淨、新鮮的牛奶製作，牛奶裡大部分的水分在低溫中已經利用眞空抽掉。但是，波頓爲他的製造方式申請專利權時，得到的答覆竟是：產品缺乏新意！

專利局官員還告訴他，在已批准的專利申請存檔中，已經有數十種「脫水乳」申請過專利權，其中包括一種「以任何已知方法脫水」的檔案。

此後，波頓又陸續再提出申請，雖然不斷被駁回，但並未把他擊倒，仍不放棄煉乳製造的專利權，堅信他的創造有獨特價值存在。終於，在第四次申請專利時批准了。

雖然波頓有了專利權，但是推銷新產品的過程並非一帆風順。顧客仍然習慣把摻有水分的牛奶放入一些發酵品進行蒸餾，他們覺得煉乳這個東西非常古怪，對它一直持有疑心，煉乳始終乏人問津。波頓的兩位合夥人都失去了信心，第一家煉乳廠被迫關閉了。

葛爾．波頓只好用僅剩的錢建立了新廠，每天花費十八個小時在廠裡指導煉乳的生產方法，監督生產程序，檢查衛生清潔情況。在他不願放棄的努力之下，產品終於獲得民眾認同。

波頓的成就奠定了現代牛奶工業生產的基石。

葛爾．波頓的墓碑上，有這樣一段墓誌銘：「我嘗試過，但失敗了。我一再嘗試，終於成功。」

這正是對他一生的總結，對每個渴望成功的人來說，也是最實際的激勵，告訴我們無論遭遇什麼困境，都必須讓頭腦保持冷靜，不要因爲亂了方寸而做出錯誤的決定。

人生有時就像打棒球，可能一次次揮棒落空，經過多次嘗試後好不容易打出安打。但別以爲這樣就結束，你還必須跑過一壘、二壘、三壘，再奔回本壘，一個壘包也不能漏掉，才能得分。

成功並非完全是上天的恩賜，想要達到目的地，就得付出相當程度的努力，走過各階段的磨練。

當一個目標確立後，就必須要有「將一步步歷經艱辛過程」的心理準備，最終才能享受成功的喜悅。

面對工作放輕鬆，就容易成功

人在輕鬆的心情下，腦袋裡自然會出現好點子，用遊戲的心情工作，也能提升工作效率，將興趣和工作結合，事情就容易上手。

不管是唸書或工作，做一件事時，大多數的人都會被交代要認眞去做。通常，事情只要認眞、專心去做，得到的成果都不會太差。

但是，過度的認眞，也可能會抹煞掉原來活躍的腦力和創造力，認眞和死板的公式結合在一起，就會變成僵硬的思考模式。

難道要不認眞嗎？不，除了認眞，還要樂在其中。觀察孩子們玩遊戲，會發現他們非常專注於一件事上，專心享受那種遊戲的樂趣。

他們認眞嗎？是的，他們非常認眞玩遊戲。那麼腦袋僵死了嗎？並不會！因爲他們以遊戲的心情面對這個認眞。

著名金融家摩根很喜歡賺錢，對賺錢的態度甚至達到癡迷的程度。他一直有個習慣，就是在每天日落的時候，走到附近小報攤上買一份載有股市收盤的晚報回家閱讀。當朋友們都在忙著休閒娛樂的時候，他說：「有些人熱衷於研究棒球或者足球時，我卻喜歡研究怎麼賺錢。」

與人談到投資的時候，他總是說：「玩撲克牌的時候，你必須認眞觀察每一位玩家。你會看出一位冤大頭，如果看不出，這個冤大頭就是你。」

有人開玩笑說：「摩根，你已經是百萬富翁了，這種滋味如何啊？」

摩根的回答頗讓人玩味：「凡是我想要的東西，而且可以用錢買到的時候，我都買到了。至於其他人所夢想的東西，比如名車、名畫、豪宅，我都不爲所動，因爲我不想得到。」

摩根並不是一個爲金錢而生活的人，他喜歡的僅僅是遊戲的感覺，那種一次次投入資金，又一次次透過自己的智慧把錢賺回來的感覺，充滿了風險和心理煎熬，但也頗爲刺激。他要的就是那種刺激的感覺。

摩根曾經這麼說過：「金錢對我來說並不重要，主要是賺錢的過程，那種不斷接受挑戰的感覺才是樂趣。我不是愛錢，而是愛賺錢，接著看著錢滾錢，才是最有意思的事情。」

對摩根來說，賺錢就是一種遊戲。

他並不在乎賺多少、賠多少，他要的只是賺錢過程的樂趣。沒有太大的得失心，可以讓他毫無顧忌，選擇他所要投資的方式。

一般而言，人在輕鬆的心情下，腦袋裡自然會出現好點子，用遊戲的心情工作，也能提升工作效率。這種說法並非要人工作散漫，而是要將興趣和工作結合，用歡喜的心情面對，事情就能容易上手。

把自己的缺點變特點

每個人都有屬於自己的「特色」，不管世俗眼光是否認同，那就是「你」，獨一無二的自己，沒有第二個人可以取代。

前一陣子，有戶人家的母雞孵出長著三隻腳的小雞，牠多出一隻腳的特別長相，成爲家裡的珍愛寵物。

兒童文學經典之作《夏綠蒂的網》，主角小豬韋白，也因爲蜘蛛夏綠蒂的幫忙，讓人誤以爲牠是一隻「非凡」的豬，逃過被屠宰的命運。

歌手蔡琴最讓人印象深刻的，是臉上那顆黑痣。

這些例子都說明，某些看似缺陷的部分，很可能成爲一個人的特色。

二十世紀的八〇年代，有位名叫安德森的模特公司經紀人，看中一位身穿廉價服飾，不拘小節、不施脂粉的女孩。這個女孩來自美國伊利諾州一個藍領家庭，唇邊長了一顆讓人怵目驚心的大黑痣。她從來沒看過時裝雜誌，沒化過妝，與她談論時尚等話題，根本一問三不知。

每年夏天，她隨著朋友一起在德卡柏的玉米地裡剝玉米穗，賺取來年的學費。這樣一個平凡的女孩，卻深深吸引安德森，他要將這位帶著田野玉米氣息的女孩介紹給經紀公司，結果遭到一次次的拒絕。

有的人說她粗野，有的說她惡煞，什麼理由都有，追根究底就是女孩唇邊那顆大黑痣搞的鬼。可是，安德森卻下了決心，要把女孩及黑痣一起推銷出去。他爲女孩做了一張合成照片，小心翼翼地把大黑痣隱藏在陰影裡，然後拿著這張照片給客戶看，客戶果然滿意，馬上要見本人。

本人一來，客戶發現那顆痣，當場指著女孩的黑痣說：「妳必須把這顆痣弄掉，否則一切免談。」

當時鐳射除痣很簡單，無痛且省時，但女孩毫不妥協：「我就是不拿！」

安德森有種奇怪的預感，他堅信不移地對女生說：「妳千萬不要摘下這顆痣，將來妳出名了，全世界就靠著這顆痣認識妳。」

幾年後，這女孩果然紅極一時，成為天后級人物，她就是名模辛蒂．克勞馥。她嘴唇邊的大黑痣被視為性感的象徵，嫵媚中帶有一絲桀驁不馴的味道。

在辛蒂成名的路上艱辛不斷，幸好遇上「保痣人士」安德森，才有現在的她。如果她摘了那顆痣，就只是一個普通的美人，頂多拍幾次廉價的廣告，就淹沒在繁花似錦的美女堆裡。

辛蒂．克勞馥的芳唇曾經被人叫過驢嘴，影星舒琪幼年時也曾因別人嘲笑她豐厚的嘴唇而自卑。如今，這些當年的「遺憾」，都成為她們後來的招牌，以及性感的象徵。

每個人都有屬於自己的「特色」，可能是小眼睛、暴牙、結巴、禿頭……等等。但是，不管世俗眼光是否認同，都要冷靜地面對，因爲那就是「你」，獨一無二的自己，沒有第二個人可以取代。

有些人會因爲這些「特色」失去信心，甚至去美容整形。若大家都如此，這個世界上便只剩下長相「平凡」的「俊男美女」了，只有那些「原裝」的男孩女孩，才有機會展現自己的「個性美」與「自然美」。

你唯一應該做的是，把自己的缺點變特點，保有並接受自己的「特色」，你才會與衆不同。

在沒人走過的道路尋找出路

別害怕走別人沒走過的路，大家都說不行的事未必真的不行。與其跟著浩大隊伍前進，何不開創屬於自己的道路讓人追隨？

「選這個就對了，你看那麼多人做過，沒問題的啦！」

當我們要做一件事，周遭常會出現很多聲音，給予中肯的意見。其中最常見的，就是要我們以他人爲榜樣，照著做就是了。

然而，這些被追隨的對象，其實也是跟著前面的人留下的足跡走的。

多數人堅信且贊成的眞理、方向、意見等等，雖然普遍爲大衆接受，相對的也缺乏獨創性。就像被無數人踩過的地面，看不出曾有哪些足跡留下。

一八九九年，愛因斯坦在瑞士蘇黎世聯邦工業大學就讀時，指導他的老師是數學家明可夫斯基。愛因斯坦肯動腦、愛思考，深得明可夫斯基賞識，師徒二人經常一起探討科學、哲學和人生。

有一次，愛因斯坦突發奇想，問明可夫斯基：「一個人，比如我吧，究竟怎樣才能在科學領域，以及人生道路上留下自己的足跡，為世界貢獻呢？」

一向才思敏捷的明可夫斯基當場被問住了。直到三天後，他才笑容滿面找愛因斯坦，非常興奮地說：「你那天提的問題，我終於有答案了！」

「什麼答案？」愛因斯坦迫不及待地抓住老師的胳膊，「快告訴我呀！」

明可夫斯基比手畫腳好一陣子，卻怎麼也說不明白，於是拉著愛因斯坦朝一處建築工地跑去，直接踏上建築工人剛剛鋪平尚未乾固的水泥地面。在工人的斥喝聲中，愛因斯坦一頭霧水，非常不解地問明可夫斯基：「老師，您這不是領我誤入歧途嗎？」

「對，對，就是歧途！」明可夫斯基顧不得別人的指責，非常專注地說：「看到了吧？只有這樣的『歧途』，才能留下足跡！」

然後，他又解釋說：「只有新的領域，只有尚未凝固的地方，才能留下深深的腳印。那些凝固很久的老地面，那些被無數人、無數腳步涉足的地方，別想再踩出腳印來……」

聽到這裡，愛因斯坦沉思良久，非常感激地對明可夫斯基說：「恩師，我明白您的意思了！」

從此，強烈的創新和開拓意識，開始主導愛因斯坦的思維和行動。

愛因斯坦曾經說過這樣的話語：「我從來不記憶和思考詞典、手冊裡的東西，我的腦袋只用來記憶和思考那些還沒載入書本的東西。」

愛因斯坦離開校園，剛進入社會的前幾年裡，不過是伯爾尼專利局一個沒沒無聞的小職員。他利用業餘時間進行科學研究，並在物理學三個未知領域裡齊頭並進，大膽而果斷地挑戰並突破了牛頓力學。他剛滿二十六歲的時候，就提出狹義相對論，開創物理學的新紀元，爲人類做出卓越的貢獻，並在科學史冊上留下深深足跡。

的確，跟從多數人選擇的方向，通常不會遇到大風大浪，但是也不會有很大成就。大家都說好，大家都去做，同一塊大餅那麼多人分，能得到的又是其中的幾分之幾呢？

換個角度想，或許大家都說不行的事，反而是成功的點子！

想留下自己的腳印，就別害怕走別人沒走過的路，大家都說不行的事未必眞的不行。與其跟著浩大隊伍前進，何不開創屬於自己的道路讓人追隨？

你一定要相信，自己也可以成爲隊伍最前面的那一個人。

發掘自己的價值，使人生更充實

一個人擁有多少「價值」，高不高貴，絕對不是他人認定的標準，而是出自本身的內涵和認知。

文壇大師白先勇曾說：「命運異於常人時，你只有去面對它，並接受它，若一味逃避、怨懟、自憐，都無法解決你的難題。」

人生絕大多數的困惱，都來自於偏執和妄想。我們總是沉迷於無法挽回的過去，總是幻想著不可預知的未來，既不願試著放下，也不願好好活在當下，才會讓自己的生活滿是迷茫、愁苦與怨悔。

走出人生泥沼的最好方法，就是「學會放下，活在當下」。

學會放下，你的內心就不會有過多煩惱與怨懟；活在當下，你的腦海就不會堆滿不切實際的妄想。

一個年輕人覺得自己什麼事都做不好，大家都嘲笑他沒用，又蠢又笨。他非常難過，找老師訴說煩惱。

老師說：「孩子，我很遺憾，現在幫不了你，我得先解決自己的問題。」他停頓了一下，繼續說道：「這樣吧，如果你先幫我個忙，等我的問題解決後，或許可以幫助你。」

「如果能幫上您的忙……是我的榮幸。」年輕人很沒自信地回答。

老師把一枚戒指從手指上摘下來，交給他說：「騎著馬到市集去，幫我賣掉這枚戒指，我要還債。記住，要賣個好價錢，最低不能少於一個金幣。」

年輕人拿著戒指離開了，一到市集，就拿出戒指叫賣。

人們紛紛圍上前，當年輕人說出戒指的價格後，有人嘲笑他，有人說他瘋了，只有一位老人好心地向他解釋，一個金幣是很值錢的，用來換這樣一枚戒指一點也不划算。有人想用一個銀幣和一些不值錢的銅器交換這枚戒指，但年輕人記著老師的叮囑，斷然拒絕了。

年輕人騎著馬緩緩歸來，沮喪地對老師說：「對不起，我沒有換到您要的一個金幣，可能可以換到幾個銀幣吧。」

「孩子，」老師微笑著說：「首先，我們應該知道這枚戒指的真正價值。你再騎馬到珠寶商那兒，告訴他我想賣這枚戒指，問問他給多少錢。但是，不管他說什麼，你都不要賣，帶著戒指回來。」

年輕人來到珠寶商的店，商人在燈光下用放大鏡仔細檢驗戒指後說：「年輕人，告訴你的老師，如果他現在就想賣，我最多給他五十八個金幣。」

「五十八個金幣？」年輕人不敢相信自己的耳朵。

「是啊，我知道要是再過久一點，也許可以賣到七十個金幣。關鍵在於你的老師是不是急著要賣。」珠寶商說。

年輕人激動地跑到老師家，把珠寶商說的話告訴老師。

老師聽後說：「孩子，你就像這枚戒指，但是，只有眞正內行的人才能發現你的價值。每個人都像這枚戒指，在人生這個大市場裡要自我珍視，同時也要努力，讓我們遇到的人，就算不內行，也能發現我們眞正的價值。」

年輕人頓悟，也將眉頭舒展開來。

人在徬徨迷惑的境遇中，最容易懷疑自己存在的價值，正因為胸臆中充滿懷疑，往往不懂得珍惜自己。

其實，衡量一個人擁有多少「價值」，高不高貴，絕對不是他人認定的標準，而是出自本身的內涵和認知。就如同拉羅修克夫曾經說過的：「人的生命就像果實一般，同樣各有他成熟的季節。」

每個人人生的高峰期都不一樣，就像水果有屬於自己成熟的季節一樣。重要的是在等待的階段，必須了解自己、努力充實自己，使成熟季節保持更久，使果實長得更完美。

就算經驗豐富，也要力求進步

有些人雖然經驗豐富，卻不再學習，所以無法進步。有的雖然經驗不多，卻不停吸取新知，自然不斷進步。

有一種人，隨時隨地都可以說出一套長篇大論。一開始，你可能欽佩他多樣的人生經歷，可是再仔細深入了解，你會感到疑惑，一個閱歷如此豐富的人，為何高不成、低不就？在那套千篇一律的經驗談後，沒有更好的成就出現呢？

生活是一種經驗的累積，每個人都在一次又一次的經驗中學習和成長。可是，擁有同樣經驗的人，卻不一定會有相同的成果。有人前進了，有人在原地踏步，到底兩者的差別在哪兒呢？

有人甚至後退了。

很久以前，有一個賣草帽維生的人，每天都要背著一捆編好的草帽到市集叫賣。一個大熱天，他走得汗流浹背，感到非常疲憊，剛好路邊有一棵大樹，他就把草帽放下，坐在樹下歇息，在涼風輕吹下，迷迷糊糊地睡著了。

當他醒來的時候，突然發現身旁的草帽都不見了。他嘆了一口氣，想著今天晚餐沒著落了，正準備打道回府時，頭頂上傳來一陣怪聲，抬頭一看，只見樹上有很多猴子攀爬著，每隻猴子的頭上都有一頂草帽。

他對著猴子揮舞手腳、大呼小叫，希望能嚇嚇猴子，取回草帽。沒想到，猴子不爲所動，甚至學他的動作，開心地跳上跳下。

他搔著頭，苦惱該怎麼辦時，突然摸到頭上那頂草帽，靈機一動，心想，既然猴子喜歡模仿人的動作，那就教牠們如何「歸還」帽子。於是，他趕緊把頭上的草帽拿下來，丟在地上。

果然，猴子也學著他，紛紛將草帽扔在地上。他高高興興地撿起草帽，往市集前進。回家之後，他將這件奇特的事告訴了他的兒子和孫子。

很多年過後，他的孫子繼承了家業。有一天，在賣草帽的途中，也跟爺爺一樣在大樹下睡著了，草帽同樣被猴子拿走了。孫子想到爺爺曾告訴他的方法，於是脫下草帽，丟在地上。

但奇怪的是，猴子竟然沒有跟著他做，還直瞪著他看。他百思不得其解，到底哪裡出了差錯？

看到這裡，聰明的你是否知道問題出在哪呢？

是的，猴子們瞪著賣草帽的孫子時，心裡想的正是：「開什麼玩笑！你以爲只有你有爺爺嗎？」

英國劇作家蕭伯納說過：「人是否賢能的關鍵，並不在於經驗的多寡，在於他如何發揮經驗。」

有些人雖然經驗豐富，卻不再學習，所以無法進步。有的雖然經驗不多，卻不停吸取新知，自然不斷進步。

對賣草帽的人和猴子來說，第一次的相遇，讓他們擁有各自的經驗：猴子會模仿人類的動作、人類會設陷阱。幾年後，猴子知道人類的動作會有陷阱；而人類卻忘記睡在樹下要把草帽收好，結果再一次被猴子拿走，還用老方法想取回草帽，自然無法引誘猴子上當。

懂得利用經驗的人，即使失敗了，也能將傷害減到最低，因爲他們能從挫折中得到教訓，再也不犯同樣的錯誤。自恃經驗豐富，不懂得謙虛學習的人，就算擁有一時的成功，也很難有一輩子的好運。

5

PART

面對困境，要冷靜因應

當上天將一扇窗關閉時，
其實正為我們開啟另外一扇人生的門扉。
只要保持自信、冷靜分析與思考，
就能順利將那扇門打開。

堅持是實現夢想的最佳方法

你曾經擁有過的夢想是什麼呢？夢想距離我們絕不遙遠，因為只要堅持下去，總會有實現夢想的一天。

我們年少的時候都曾經有過夢想，這些夢想可能是當一名作家、老師、賽車手、音樂家……或者是開一家屬於自己的咖啡店，經營一家獨特的服飾店或花店；或者是希望有一天自己能環遊世界一週……等等。

這些夢想都很美，也曾經是我們努力的目標，但是，真正能夠將自己的夢付諸實現的人並不多，這究竟是哪裡出了差錯呢？

答案往往是太在意別人的目光與批評，受限於環境，或是來自本身的懈怠，

使得這些夢想中途夭折。

作家塞爾曾經這麼說：「除非經過你本人同意，否則沒有人可以替你決定你自己要過的人生。」

每個人的人生，都應該由自己決定，下定決心之後，就要努力朝自己的人生目標前進。

只要懂得命運掌握在自己手裡，很多事情就可以改變。

安利哥少年時代就非常喜歡唱歌，可惜當時處於變聲期，歌喉非常難聽，人們形容他的歌聲宛如烏鴉在哀叫般，實在令人無法忍受。

因此，那個時候他的音樂老師勸他：「你實在是沒有唱歌的天分，還是考慮去做其他事情吧。」

但是，安利哥並沒有就此灰心，長大後一邊在拿波里一家工廠裡工作，一邊堅持不懈地練習唱歌，無論如何，他都想成爲一名歌手。

他每天晚上都在心中描繪一幅非常美好的景象——在一間大劇院的舞台上，他以優美的歌聲盡情歌唱，並在唱完後接受全場觀衆如雷般的掌聲和許多女孩送上來的鮮花。

有時，他竟被這激動人心的場面感動得熱淚盈眶，總是嘴裡一邊喃喃說著「我一定能成功」，一邊緩緩地入睡。

經過不斷練習與努力不懈的奮鬥，他的歌喉漸漸受到肯定，最終眞的成爲一位著名的男高音。後來，接受觀衆掌聲的時候，他曾經非常感動地說：「是我的意志讓我實現了願望。」

斯堪的那維亞半島有一句諺語說：「北風造成維京人。」

確實如此，不論別人怎麼價，不論遭遇多艱困的難題，都要冷靜思索，然後鼓勵自己採取相對應行動。

其實，成功的方法實在簡單得不可思議，那就是嚐試、嚐試、再嚐試；努力、努力、再努力。

但如此簡單又容易實踐的一件事，卻還是有許多人辦不到，這是爲什麼呢？因爲，圓夢這條路上充滿許多的障礙與荊棘，或許是環境不允許，或許是機會一直沒有降臨，或許……有太多的或許考驗著在道路上默默前進的人。

安利哥明白他想要什麼，即使連老師當面叫他放棄，他也沒有灰心，甚至長大成人之後，依舊不斷努力。

他心中的夢想始終支持著他，他仍然日復一日地被夢中的場景感動，正是這股力量讓他數十年如一日地不斷練習，從未中輟。

就是這種在旁人看來癡傻到不行的意志與努力，讓他最後得以站上表演的舞台，享受成功的果實。

朋友，你曾經擁有過的夢想是什麼呢？夢想距離我們絕不遙遠，安利哥讓我們明白：只要堅持下去，總會有實現夢想的一天。

投入熱情，才能突破工作困境

如果總是抱怨工作不如己意，放棄之前，不妨先試著說服自己喜歡這份工作，對工作投入熱情，也許就能開創出一番新局面！

對許多上班族而言，每天朝九晚五，甚至是晚七、晚八的生活是一種規律，也是一種習慣。不過，每天做著相同的動作、類似的工作，很容易像工廠中一成不變的機器一般，重複著幾乎一模一樣的機械反應。

對這樣的你而言，「工作」是什麼？

難道只是爲了養家活口，不得不進行的勞動？或者像某些人所說的，是「生命中難以承受的有期徒刑」？

如果是這樣，你的人生也未免太悲慘了！何不換個心情去面對自己的工作，把自己的熱情挹注進去呢？

貝格原來是聖路易棒球隊的三壘手，但是在一次比賽中，他的肩膀被球擊傷，不得不終止職業棒球生涯。

離開棒球界後，他找過很多工作，但因爲沒有專業知識，也沒有一般工作經驗，最後都以失敗告終。無奈之下，他到一家公司做起推銷員，因爲這家公司的門檻很低，像他這樣沒經驗的人也可以輕易進去。

起初十個月的推銷生涯是貝格一生當中最暗淡、最失意的日子。他處處碰壁、受盡白眼，雖然快跑斷了腿，業績還是掛零。經過冷靜思考之後，他認爲自己不是做推銷的料，準備改行。

就在這個時候，一個偶然的機會，他參加了戴爾・卡內基主辦的訓練課程。訓練期間的某個晚上，貝格上台練習說話，講到一半時，卡內基打斷他的話，問他：「貝格先生，請問你對自己所說的事情充滿興趣嗎？」

「是的，當然充滿興趣！」

「既然如此，你何不說得更熱情洋溢一些呢？假如你不說得更活潑更有趣，怎能吸引聽衆，產生共鳴呢？你下來吧，我來替你說。」

之後，卡內基上台代替貝格說話，他採用貝格原來的談話內容，但措詞、音調及動作卻截然不同，說話的時候熱情洋溢、魅力十足，令台下的聽衆如癡如醉。

貝格驚詫萬分，立刻頓悟：「卡內基說的內容和我完全相同，可是效果卻完全不同啊！原來，熱情這麼重要！」

從此以後，貝格決心留在推銷行業，並在推銷中貫徹「熱情洋溢」幾個字。經過一段時間努力，他終於突破僵局，成爲一名推銷大王。

「熱情洋溢」這幾個字讓貝格在工作上脫胎換骨，以完全不同以往的心態積極從事工作，終於在另一個領域開花結果。

日子不好過，很多時候是因爲得過且過。

在抱怨老闆、抱怨同事、抱怨客戶、抱怨工作環境之前，你不妨先問問自己：

我對於這個工作自己有多少熱情？

你熱愛它嗎？能從中得到滿足與樂趣嗎？你積極付出了嗎？

仔細想想這些問題，也許你就能了解自己工作不順利的關鍵何在。

如果你總是抱怨工作不如己意，一再轉換跑道，那麼，在放棄這份工作之前，不妨先試著說服自己喜歡這份工作，試著對工作投入熱情，也許就能開創出一番新局面！

多用腦袋，才不會被淘汰

將尚未來到的資產化為對自己有利的條件，是非常聰明的辦法，但必須努力工作且深思熟慮，以確保「未來」正如同預期。

你知不知道「未來之力」是什麼呢？

所謂「未來之力」，是指預先挪用未來的成果，將尚未來到的狀況轉化成對自己有利的條件，有點類似「草船借箭」。但要注意的是，「未來之力」的成功魔法與信用破產僅是一線之隔，運用之時必須小心翼翼，其中的關鍵正是自身的努力。

丹尼爾．洛維格出生在美國密西根州的南海溫。十多歲時，他的父母分居，他跟隨父親到一個叫阿瑟港的小城。

洛維格自小就對船舶十分著迷，高中未畢業就輟學到碼頭找工作。經過幾年的漂泊，他進到一家航運工程公司工作，這段期間，開始利用晚上的時間兼職為船舶安裝各種引擎。

十九歲的時候，他接的兼職工作太多了，讓他心力交瘁。於是，他辭了工作，開始獨自創業，但在之後的二十多年裡，他的事業一直起起伏伏，不但沒有成功，反倒背了一屁股債。

直到年近四十歲時，他意識到自己的創業觀念有問題，必須徹底改變，決定拋棄僅僅依靠自我積累的做法，轉而借助外力。

當時，洛維格想貸款買一艘貨輪，然後把它改裝成油輪，因為運油比運貨物更賺錢。可是，每一家銀行都拒絕借錢給他，因為他根本一無所有，無法提供貸款所需的擔保物，這才發現借助外力並不是一件容易的事情。

碰壁多次之後，洛維格想到利用「未來之力」來促成夢想。於是，他把自己未來才可能擁有的船「挪」到了現在。

第二天，他來到紐約大通銀行對經理說，他現在有一艘老油輪，正租給一家信譽良好的石油公司使用，希望銀行貸款給他，他會用油輪的租金來償還貸款利息。因爲有一艘老油輪，而且那家石油公司信譽良好，所以大通銀行沒有要求他提供擔保物，直接把款項借給他。

爲了不讓銀行識破他的「未來之船」，他拿到錢後立即購買了早已物色好的一艘老貨輪，迅速把它改裝成油輪，並立即包租出去，使「未來之船」成爲「現實之船」。接著，他再用這艘油輪抵押，貸到第二筆款，買下第二艘貨輪，又把它改裝成油輪包租出去。

第一次利用「未來之力」就獲取成功，使他產生再次利用「未來之力」的想法，不過，這一回他把想法明明白白地告訴銀行。

他先設計好一艘油輪，在安放龍骨之前，就找好一位願意在船造好之後承租它的客戶，並簽下包租合約。有了包租合約後，他來到銀行申請貸款以便建造這艘油輪。他申請的貸款方式是「延期償還貸款」，在這種方式下，船下水之前銀行只收回少量利息，而在船下水之後，他再將租金付給銀行，當貸款付清之後，洛維格就可以擁有船的全部產權。

他的構想一提出，就嚇到銀行經理了，因爲誰也不曾這樣做過。但仔細估算之後，銀行經理覺得這個方案對銀行十分有利，並且風險也不大，於是同意洛維格的貸款申請。

之後，洛維格一次又一次地將利用「未來之力」的經驗複製到其他事業上，最終擁有了一間非常龐大的跨國公司。這間公司涉足許許多多產業，其中包括信貸公司、旅館、辦公大樓、自然資源開發經營公司、石油化學工業公司……等等，此外，還擁有一支和希臘船王歐納西斯媲美的世界性船隊。這都是他巧妙借助「未來之力」的成果。

大家都知道二十一世紀是知識經濟的天下，不論從事什麼行業都必須動腦，肯動腦的人會躍爲衆人羨慕的「龍頭」，如果還懵懵懂懂，就會被飛速發展的世界淘汰，變成人人嘲笑的「豬頭」。

面對激烈的競逐，蘇聯教育家克魯普斯卡雅告訴我們：「應該學會用腦子和雙手工作，生活需要活用知識，正如戰爭需要槍砲一樣。」

像洛維格這樣，將尚未來到的資產化爲對自己有利的條件，是非常聰明的辦法，但更重要的是，他必須努力工作且深思熟慮，以確保「未來」正如同他所預期的。否則，一旦中間任何一環節出錯，「未來之力」不但無法幫助他，反而會使得他信用破產。

如果你覺得日子難過，不妨學習洛維格，運用「未來之船」爲自己帶來成功與財富，巧妙地利用「未來之力」這個想法，將想法付諸實行的努力。

竭盡全力，才會創造奇蹟

在抱怨自己不受幸運之神眷顧、與成功無緣時，不妨反過來思考一下自己是否已經竭盡全力了呢？

《青鳥》的作者梅特林克曾經在著作中寫道：「人生就像一張潔白的紙，全憑人生之筆去描繪。玩弄紙筆的人，白紙上只能塗上一灘髒亂的墨跡；認真書寫的人，白紙上才會留下一篇優美的文章。」

確實如此，人生可以燃燒，也可以腐朽，全看自己的心態如何。每個人都想追求成功，然而並非每人都能成爲成功者，到底差異在哪裡呢？看看以下的小故事，自能了解造成差異的關鍵因素何在。

一八二八年，十八歲的伯納德．帕里希離開了法國南部的家鄉，那時他「一本書也沒有，只有天空和土地爲伴，因爲它們對誰都不會拒絕」。當時，他只是一個不起眼的玻璃畫師，然而內心卻懷著滿腔藝術熱情。

有一次，他偶然看到一個精美的義大利杯子，旋即被它迷住。從那時起，他的生活規律完全被打亂，內心被另一種激情佔據——他決心要發現瓷釉的奧秘，看看它爲什麼能賦予杯子那樣迷人的光澤。

此後，他將全部的精力都投入到對瓷釉成分的研究中。他自己動手製造熔爐，但第一次以失敗告終。

後來，他又造了另一個，這次雖然成功了，可是這個爐子既耗燃料又耗時間，讓他幾乎耗盡全部財產，最後因爲買不起燃料，無奈之下只能用普通火爐。

這時，失敗對他而言已是家常便飯，但每次失敗後，他總是迅速振作起來。最終，經歷無數次失敗之後，他燒出色彩非常美麗的瓷釉。

爲了改進自己的發明，帕里希用雙手把磚頭一塊一塊地疊起來，建了一個玻璃爐，可是，連續高溫加熱了六天也未見瓷釉熔化。

當時他已經身無分文了，只好向別人借錢買陶罐和木材，並想出更好的助熔劑。他再次開始實驗，然而，直到燃料耗光也沒有任何結果。

於是，他跑到花園裡，把籬笆上的木材拆下來充當柴火，但實驗仍然沒有任何成果；然後，他把家具也拆下來當成柴火，但實驗還是沒有成果。

最後，他把餐具室的架子一併砍碎，扔進火爐中。

奇蹟終於發生了，熊熊的火焰一下子把瓷釉熔化了，伯納德·帕里希終於揭開瓷釉的秘密。

美國著名的醫師作家麥克斯威爾·馬爾茲告訴我們：「想像你對苦難做出的反應，不是逃避或繞開它們，而是面對它們，和它們打交道，以進取的和明智的方式進行奮鬥。」

為什麼有人能在事業上獲得成功，而其餘的人卻屢遭挫敗？也許對於成功的執著程度正是其中的關鍵。

帕里希對成功的執著，到了令人匪夷所思的地步；他賣掉自己所有家產、向他人借貸，直到最後連籬笆、傢俱都拆掉了，就只是為了把火提升到足夠的溫度，為了將瓷釉的秘密發掘出來。

在他努力的過程中，他始終竭盡全力、毫無保留地追求目標，從未被失敗擊倒，這點正是他最終能獲得成功的原因。

所以，在抱怨自己不受幸運之神眷顧、與成功無緣時，不妨反過來思考一下自己是否已經竭盡全力了呢？如果還沒，就盡力放手一搏吧，你會發現成功就在不遠的前方等著你。

面對困境，要冷靜因應

當上天將一扇窗關閉時，其實正為我們開啟另外一扇人生的門扉。只要保持自信、冷靜分析與思考，就能順利將那扇門打開。

近幾年，全球性的經濟不景氣讓許多人面臨失業的困境，其中更有許多年紀已經不小的「中年失業者」。

他們比起年輕人有著更沉重的生活和家庭壓力，同時又不具有年輕人的可塑性與活力。因此，失業對他們來說有如晴天霹靂，許多這樣子的失業者從此一蹶不振，一味用負面情緒看問題。

但是，難道失業真的等於絕路一條嗎？

這一天，四十九歲的伯尼．馬庫斯像往常一樣拎著心愛的公事包去公司上班。在二十年的職業生涯中，他兢兢業業爬到令人羡慕的經理職位，只要再工作十一年，就可以安安穩穩地拿到退休金了。

然而，他萬萬沒有想到，這一天卻是他在公司工作的最後一天。

「你被解僱了。」老闆將他叫到辦公室，這麼對他說。

「爲什麼？我犯了什麼錯？」他既驚訝又疑惑地問。

「不，你沒犯錯，是公司因應不景氣，董事會決定裁員，僅此而已。」

瞬間，他從一名受人尊敬的公司經理成了失業者。

和所有的失業者一樣，沉重的家庭開支迫使伯尼．馬庫斯必須儘快找到工作。那段日子裡，他常去洛杉磯一家街頭咖啡店，一坐就是幾小時，以此排解內心的痛苦、迷茫和巨大的精神壓力。

有一天，他遇到了老朋友亞瑟．布蘭克，亞瑟與馬庫斯一樣曾是經理，現在同樣遭到解僱。兩個人互相安慰，一起尋求解決的辦法。

「為什麼我們不自己創辦一家公司呢？」

這個念頭像火苗一樣在馬庫斯腦中一閃，點燃了壓抑在心中的熱情和夢想，於是，兩個人就在這間咖啡店裡策劃建立新的家居倉儲公司。

兩位失業的經理人為企業制定了發展計劃和「擁有最低價格、最優選擇、最好服務」的理念，並草擬管理制度，然後就開始著手創辦公司。

這一年是一九七八年的春天。他們創辦的就是美國家居倉儲公司。僅僅二十多年，這家公司就發展成擁有七百七十五家分店、十六萬名員工、年銷售額超過三百億美元的大企業，成為全球零售業發展史上的一個奇蹟。

日子難過，就要想辦法過；遇到難題，就必須激發腦力，把生活壓力變成前進的動力。積極樂觀的態度絕對是擺脫苦日子的重要基礎，因為，每個人都有著獨特的創意和才華，唯有保持積極樂觀的態度，才能將本身的才能發揮到極致，讓自己更容易克服眼前的難關。

漫長的人生旅途中，不論工作方面或生活方面，都難免遇到危機。不過，出現危機不一定就是壞事，只要我們能用靈活的頭腦思考，以正確的方式因應，那麼危機不但不可怕，說不定還會是個重大轉機，讓受到束縛的自己破繭而出呢！

日子之所以難捱，很多時候是因爲不曾想過要有什麼樣的未來。事在人爲，即使是在最黑暗的時候，仍然不要放棄希望。同時，我們更不要忘記，當上天將我們面前的一扇窗關閉時，其實正爲我們開啓另外一扇人生的門扉。

放下心中的糾葛，只要保持自信、冷靜分析與思考，就能順利將那扇門打開，走向門後的康莊大道。

只要肯動腦，就一定做得到

即使握有的資源並不豐富，只要能好好利用充滿巧思的頭腦，並且認真努力去計劃與執行，那又有什麼是我們做不到的呢？

如果你身無分文，又沒繼承房子土地，也非什麼名校畢業，更沒有過人的技能，或許你會哀歎自己究竟能做些什麼？

別氣餒！事實上，一個什麼都沒有的人，還是有可能成爲地產開發公司董事長的，這不是神話，日本商人見村善三就是如此。

不妨先看看以下的小故事，你就會了解他成功的關鍵。

爲了開發房地產，爲地方也爲自己謀取利益，見村善三專門對土地進行深入調查，發現工業化社會中眞是寸土寸金，昂貴的地價使許多想創業或想開工廠的人畏縮不前。

此外，他也發現，在都市外圍的土地就沒有那麼昂貴，其中也有些比較便宜，它們或是圈在別人土地中的死地，或是交通不便的僻地，或是賣不出去的廢地，但這些都是值得開發利用的土地。

於是，他腦海中便逐漸形成一個絕妙的「借雞生蛋」計劃——借用這些廉價土地，租給需要開辦工廠但缺少廠房的人。

見村善三立即行動，逐一拜訪了廉價土地的主人，向他們提出改造和利用的計劃，土地不必賣出，而是由見村善三負責在上面建造廠房再租給企業家，地主則可以從見村善三手裡每月坐收相當於單純出租土地十倍的租金。地主們聽到這些誘人的條件後，自然樂觀其成。

土地問題解決了，就要找需要廠房的企業家，因此見村善三立即成立見村地產開發公司，積極推銷業務。在廉價土地建造的廠房，租金要比市區便宜得多，要找到客戶並不困難。

見村很快就把自己、地主、企業家三方的利益分配關係明確公佈出來。地主、企業家覺得分配方案既合理又誘人，很快便與見村簽約，之後見村善三向銀行貸款，開始蓋廠，並且嚴格遵守銀行的貸款規定，定時還款。

不出見村所料，這種「借雞生蛋」的做法，不但為地主、企業家、銀行和自己帶來利益，還為地方經濟帶來繁榮，得到社會各方面的大力支持和好評。見村地產公司的業務也快速增長起來，年收入高達二十多億日圓。

資金雄厚後，見村就不再需要貸款了，而且由於企業家和地主紛紛上門洽談業務，他也開始從建造小廠房發展為建造大廠房，進而營造起佔地廣闊的工業區來。就這樣，見村善三最終成了一個大富翁。

在這個景氣極端低迷，多災多難的時代，想戰勝惡劣的大環境，活得比別人幸運，你就必須靈活運用自己的大腦。

很多事，只要你願意，一定做得到！

靈活的頭腦、充滿創造力的思維，以及將想法化爲現實的行動力，都是在商場上致勝的法門。

像見村善三這樣的人物，憑藉的就是上面那幾項「本事」，最終成爲成功的企業家。然而，這幾種能力都不是任何學校或出身背景能提供給我們的，必須靠自己用心摸索，然後靈活運用。

即使自己手上握有的資源並不豐富，只要我們能好好利用充滿巧思的頭腦，認眞努力去計劃與執行，那又有什麼是我們做不到的呢？

好高騖遠，只會讓機會越離越遠

平凡當中也能見到偉大，如果能夠一步步穩健踏實地努力向目標邁進，那麼，真正的寶藏也必定會藏在我們自己的腳下。

我們都想追求成功、追求財富，但是，究竟要怎麼做，才能讓自己更接近夢想呢？

或許，我們會認為成功一定來自雄厚的基礎、豐富的資源，或是絕佳的機運，總是以羨慕的眼光，仰望著那些高高在上的「成功者」，期許自己有一天也能像他們一樣。

不過，一味向上看的同時，我們可能都忽略了自己腳邊，也因而讓成功的機會從身邊溜走。

一個名叫康惠爾的牧師爲了幫助許多想上大學卻沒有錢的年輕人實現夢想，決定專門爲這些人辦一所大學。

爲了籌措資金，康惠爾不斷進行巡迴演講，希望各地的有錢人爲大學捐款，但遺憾的是，五年來籌措的款項還不到一千美元，可是在當時要辦一所大學卻需一百五十萬美元。

最後，康惠爾失望了，重新回到故鄉的教堂。

有一次做禮拜時，康惠爾忽然發現教堂四周的草都枯萎了，便好奇地問園丁：「爲什麼這裡的草不如別的教堂長得好呢？」

園丁不經意地答道：「唉，人們常羨慕別人家的青青草地，總希望那就是自己的，卻很少動手整理自己的草地。要知道，別人翠綠的草地背後一定蘊藏著他人勞動的成果。」

康惠爾聽了心中一震，似乎想到了什麼，飛快地跑進教堂撰寫禮拜的演講稿。在他的講稿中有這麼一句話：「幾乎每個人都在等待目標靠近而讓時間白白流走，但爲何不努力工作使自己不斷接近目標呢？」

另外，康惠爾還在演講當中講了這麼一個故事：一個農夫聽說鑽石能讓人發財，於是賣掉自己的土地，背井離鄉四處去尋找鑽石。他到過很多地方，卻一直沒有找到鑽石，最後貧病交加只得跳海自殺。

戲劇性的是，就在他賣掉的土地上，新主人在無意中發現了一塊奇異的石頭，經過專家鑑定，那正是鑽石，而且就在這個被農夫賣掉的土地上，發現了世界上最大的鑽石礦區。

「財富不僅僅是靠四處奔走，更需要自己去挖掘，要依靠自己的能力去奮鬥，財富永遠屬於那些相信自己能力的人。」康惠爾在故事末這樣寫道。

從此，康惠爾開始這個「鑽石寶藏」的演講，七年之後，他靠這個演講賺了八百萬美元，這對辦一所大學來說已經綽綽有餘了。

美國著名學府康惠爾大學的建成基礎，其實來自一個普通人從一個平凡的故事中偶然獲得的啓示。

其實，康惠爾牧師所說「鑽石寶藏」故事，正是在暗喻自己過往的行爲，他當初爲籌措資金四處演講，不正跟離鄉背井去尋找鑽石的農夫一樣嗎？可喜的是，康惠爾最終明瞭了求人不如求己的道理，也才能成功創立大學，造福莘莘學子。

想要成功，就用自己的腳努力接近它。只要肯努力，平凡當中也能見到偉大，如果能夠一步步穩健踏實地努力向目標邁進，那麼，眞正的寶藏也必定會藏在我們自己的腳下。

就算最後一幕，也要完美演出

只要能夠堅持到底，那麼不論最後結果會是如何，至少我們能對得起自己，對得起過去曾經付出的努力。

許多人做事常有「虎頭蛇尾」的毛病，往往一開始非常有衝勁、非常拚命，但過一下子就漸漸感到疲乏，到最後根本就只是虛應故事、敷衍了事，一開始的雄心壯志轉眼成空。

起跑點的輸贏並不那麼重要，事實上，在終點線之前的最後旅程才是一個人成功與否的關鍵。

被譽為「音樂之父」的著名音樂家海頓，曾經擔任過俄國彼德耶夫公爵家的私人樂隊隊長。

有一天，公爵突然決定要解散這支樂隊，這也意味著包括海頓在內的所有樂隊隊員全部都將失業。樂手們聽到這個消息後，一時全都心慌意亂，不知道如何是好，他們都知道，公爵決定了的事情是很難再更改的，無論怎樣懇求，他都不會改變主意。

海頓看著這些與自己同甘共苦多年的親密戰友，心中挺不是滋味。他想來想去突然靈機一動：「我何不就為最後一次的演出寫一首曲子呢？正好為這一切畫下一個完美的句點。」

於是，他立即譜寫了一首《告別交響曲》，表明要為公爵做最後一場獨特的告別演出，公爵也同意了。

這天晚上，因為是最後一次為公爵演奏，樂手們萬念俱灰，根本打不起精神，但基於過去與公爵相處的情份，大家還是盡心盡力地演奏。

這首樂曲的旋律一開始極其歡悅優美，把樂手與公爵之間的美好情誼表達得淋漓盡致，公爵也深受感動。漸漸地，樂曲由明快轉爲委婉，又漸漸轉爲低沉，最後，悲傷的曲調在大廳裡瀰漫開來。

這時，只見一位樂手停了下來，吹滅了樂譜上的蠟燭，向公爵深深鞠了一躬後悄悄離開，過了一會兒，又有一名樂手以同樣的方式離開。就這樣，樂手們一個接一個地離去，到最後，空蕩蕩的大廳裡只留下海頓一個人。

只見海頓深深地向公爵鞠了躬，吹熄指揮架上的蠟燭，大廳立即暗了下來。

正當海頓也像其他樂手一樣要默默離開時，公爵的情緒已經達到了頂點。他再也忍不住，大聲叫了起來：「海頓，這是怎麼一回事？」

海頓眞誠地回答：「公爵大人，這是我們全體向您做最後的告別呀！」

這時公爵突然醒悟過來，流下了眼淚：「啊！不！讓我再考慮一下。」

就這樣，海頓利用這首《告別交響曲》的奇特氣氛，成功地使公爵將全體樂隊隊員留了下來。

海頓的這首《告別曲》是他最後一次為公爵演奏的機會，指揮之時心情一定相當不捨與哀傷，但是他沒有被這樣的負面情緒打倒，也沒有因此馬虎了事，反而將這種依依不捨的情感融入曲子裡面。相同的，其他的團員們也抱著感恩與感謝的心情，為公爵做最後一次的演出。

正是因為他們這樣誠懇，到最終都要求完美的態度，終於感動公爵那難以動搖的心，讓他終於改變主意。

其實，公爵最後有沒有回心轉意倒不是最重要的，因為海頓與其他團員們這樣積極與認真的態度，以及堅持到最後一刻的精神，就是一種勝利。

不論做什麼事都一樣，只要能夠堅持到底，那麼不論最後結果會是如何，至少我們能對得起自己，對得起過去曾經付出的努力。

沒有挫折，哪能歡喜收割？

在一次成功之前可能會遇到一百次的失敗，然而只要不被這一百次挫折擊倒，持續努力不懈，那一定會有歡喜收割的一天。

要得到一次成功需要幾次嘗試？

運氣極好的人，也許可以在很短的時間內一舉成功，但絕大多數的例子都告訴我們：好事往往多磨，越是偉大的成就，越需要努力、毅力與恆心。

這種情形正如本田公司創始人本田宗一郎所說的：「成功只能藉由不斷的失敗和反思獲得，即便百分之九十九的努力都會白費，只有最後那百分之一的努力才能換來成功。」

希拉斯．菲爾德年近七十時積累了一大筆財富，原本可以安享晚年的他卻突發奇想：「何不在大西洋的海底鋪設一條連接歐洲和美國的電纜呢？」

如果這個奇想實現了，帶來的商業價值是無法估量的，但相對的，這個工程的浩大也是難以想像的。

於是，菲爾德開始籌措資金，使出盡渾身解數後，總算從英國政府那裡獲得資金。這筆資金得來不易，因爲在議會的投票表決中，僅以一票之差通過，這件事似乎預言了菲爾德的創舉將會有多艱辛。

果然，當菲爾德開始鋪設電纜時，鋪設不到五英哩電纜就斷了。於是，菲爾德又進行第二次鋪設，但當電纜鋪到二百英哩長時，電纜上的電流消失了，這證明電纜又斷了。他只好又重新購買了七百英哩的電纜，並且請最優秀的專家、買最先進的機器來從事這項工作。遺憾的是，當七百英哩長的電纜快要鋪完時，電纜再次斷了。

連番失敗使菲爾德的員工徹底洩氣，媒體和社會大眾也紛紛嘲笑菲爾德的「壯舉」，那些投資者也沒信心了，不願再繼續向大西洋中「扔錢」，唯獨菲爾德沒有放棄，用自己的口才說服合作者，使這項工程又得以開工。

這次總算一切順利，電纜鋪設完了，並且電流正常，然而就要完工的時候，電纜上的電流又突然中斷了。

此時，除了菲爾德和兩個朋友外，幾乎沒人不感到絕望。菲爾德始終抱持信心，最後又找到投資人，開始新一次的嘗試，也買來品質更好的電纜。這次前半段的鋪設都很順利，但在鋪設橫越紐芬蘭的電纜線路時，電纜突然又折斷掉入海底。這項工作就此停了下來，一停就是一年。

不過，一年之後，菲爾德又成立一家新公司來繼續這項工程。直到一八六六年七月十三日，這項壯舉終於完成了，菲爾德發出第一份橫跨大西洋的電報，電報內容是：「七月二十七日，我們晚上九點達到目的地，一切順利。感謝上帝！電纜都鋪好了，運行完全正常。希拉斯．菲爾德。」

日本企業家稻盛和夫曾說：「人生的道路都是由心來描繪的。所以，無論自己處於多麼嚴酷的境遇之中，心頭都不應為悲觀的思想縈繞。」

至今，菲爾德和他的同仁們舖設的電纜仍然被人們使用著，而且再用幾十年也不成問題。

這則小故事讓我們知道，在這條世界第一的海底電纜背後埋藏了多少次挫折，工程難度之高簡直令人難以想像。然而，菲爾德驚人的毅力與決心終究戰勝大西洋暗潮洶湧的海底。

在一次成功之前可能會遇到一百次的失敗，只要我們不被這一百次挫折擊倒，持續努力不懈，那一定會有歡喜收割的一天。

6

PART

用正面的心態面對失敗

「失敗為成功之母」，但這句話的先決條件是：
要從失敗中學得經驗並獲得啟發，
更重要的是要繼續努力，不就此放棄。

抓住靈感，機會就會降臨

如果我們能像瓦特一樣，仔細觀察周遭事物，時時保持頭腦靈活與柔軟，那麼我們的人生一定能充滿創意與驚奇！

不論我們從事什麼工作，總會遇到難以解決的問題，也常常覺得生活一成不變，然而越急切想尋求新奇的創意，甚至遍尋群書、求助於人，越找不出方法。究竟那些新奇創新的巧思藏在哪裡呢？

看看以下的小故事，或許你會發現自己忽略多少靈感與創意而不自知呢！

英國發明家瓦特二十歲以前在英國格拉斯哥大學工作，負責修理教學儀器。有一天，大學的機門蒸汽機壞了，學校要求瓦特前去修理。

瓦特在修理的過程中，發現這種機門蒸汽機有嚴重的缺點，氣筒裸露在機體外，因而四周的冷空氣會使氣筒的溫度下降，蒸汽進去以後熱效還沒有充分利用時，就變成水了，白白浪費掉四分之三的蒸汽。瓦特想要對這種機門蒸汽機進行改造，提高效率，從此像著了迷一般成天思考，還去圖書館裡查閱大量資料、進行深入研討，可惜就是找不到有效的方法。

某個夏日的早晨，天氣晴朗，瓦特在校園裡一邊散步一邊思考。隨著太陽升起，四周的景物顯得格外亮麗。

突然，瓦特的腦中電光石火般地冒出一個念頭：如果在氣筒外面再加上一個分離凝結器，使氣筒與凝結器分開，不就可以解決熱能浪費的問題了嗎？

一想到這裡，瓦特立即跑向工作室著手進行實驗。

經過幾天實驗，瓦特終於成功創造出高效率的新型蒸汽機，並在一七六九年，取得了「降低火機的蒸汽和燃料消耗量的新方法」的專利。此後，瓦特又多次對蒸汽機進行改造，使它能夠廣泛應用，對推動工業革命的發展起了重大的作用，也因而被人們稱爲「蒸汽機大王」。

瓦特那天的散步可眞爲他開啓了一扇門，可不是嗎？

但仔細想想，若是他只顧低頭思考，對身旁的東西視而不見，那就看不見四周的景色，也就不會突然迸發出這樣充滿巧思的靈感了。

我們積極尋求工作上或生活中的靈感，但是，靈感可不一定會在圖書館看見、尋獲，也未必在任何我們想像得到的地方獲得。就像絕大多數人一生中看過成千上萬次朝陽初升的景象，卻只有瓦特不但看見太陽的升起，也看見那稍縱即逝的靈感與良機。

如果我們能像瓦特一樣，仔細觀察周遭事物，時時保持頭腦靈活與柔軟，那麼人生一定能充滿創意與驚奇！

從不起眼的廢物中找到價值

有價值的東西不一定是炙手可熱的稀世珍寶，有時反而就在我們輕視、嫌棄的「垃圾」及「廢物」當中。

丟在路邊的廢棄物或垃圾，是大多數人唯恐避之不及的「骯髒東西」，雖然大部份人看到它們的反應大都是掩鼻而走，但有趣的是，有些人就是能從這樣的廢物中尋得有價值的東西。

這不是普通拾荒老人的行徑，而是日本大企業家淺野總一郎的故事。

日本淺野水泥公司的創建者淺野總一郎，二十三歲那年穿著破舊不堪的衣服，半夜離家出走，從故鄉富士山來到東京。由於身無分文又找不到工作，有一段時間他每天都處於飢餓狀態之中。

「幹脆賣水算了。」後來，他靈機一動，便在路旁擺出賣水的攤子，至於生財工具當然都是撿來的。

「清涼的甜水，每杯一分錢！」淺野使出渾身力氣大聲叫喊。

果然不出他所料，水裡加一點糖就變成錢了，頭一天就賺了六角七分，這種簡單的生意使吃盡苦頭的他不必再挨餓了。淺野賣了兩年水，到二十五歲時已賺了一筆爲數不少的錢，開始經營煤碳零售店。

三十歲時，當時橫濱市長聽說淺野很會廢物利用，就找他來問說：「你因爲很會利用廢物而聞名，那麼人的排泄物是否也有辦法加以利用呢？」

淺野聽了回答說：「如果只收集一兩家的糞便是不會賺錢的，但是如果收集數千人的大小便就會賺錢。」

「怎麼樣收集呢？」

「只要建公共廁所就好了。」

就這樣，淺野就在橫濱市建造了六十三個公共廁所，也成爲日本公共廁所的始祖。廁所建造好後，淺野把收集到的排泄物以每年四千日圓的代價賣給別人，並在兩年後設立了一家日本最早的人造肥料公司。

甚至最後創建日本最大的水泥公司——淺野公司的資金，也是從這些公共廁所的糞便上賺來的！

培根曾經寫道：「智者創造機會，通常比愚者遇到的機會還要多。」

其實，智者和愚者的差異在於智者創造機會，愚者只會等待機會。

因此，如果你想改變目前的生活狀態，那麼除了要四處尋找機會之外，更需要像故事中的淺野總一郎一樣，懂得如何創造機會。

淺野總一郎的本事就在於能從毫不起眼的廢物中創造財富。

其實，有價值的東西不一定是炙手可熱的稀世珍寶，有時反而就在我們輕視、嫌棄的「垃圾」及「廢物」當中。

像淺野總一郎在橫濱建設公共廁所，就是他整個企業擴展的轉捩點，試想，要到哪裡去找這樣低成本又沒有競爭的利潤來源呢？

我們做事總是容易眼高手低，只看見那些成功者光鮮亮麗的外表，卻常常忘記看看那些最平凡的地方；仔細觀察周遭吧，也許真正的良機就在最不起眼的一個角落等著我們，只是我們沒有發現罷了。

讓批評成為進步的動力

有羞恥之心的人才能適時對自己的所作所為進行反省，也才能劍及履及地改善自己不好的惡習與缺點。

人都不喜歡聽到批評的話語，有人面對批評時，還會惱羞成怒地反過來抨擊對方；甚至有人還會質疑對方的立場和動機，懷疑對方的批評不過是「酸葡萄」心理作祟罷了。

但是，這些心態都無法幫助你成長，只會使自己更加自鳴得意、畫地自限而已，最終難有一番作爲。

要冷靜客觀地面對批評，再仔細想想，要如何將對方的批評轉化爲自己進步

的動力呢？

維克多是著名的有機化學家，一九二一年獲得諾貝爾化學獎。他的成就與自身的努力息息相關，但一位年輕女性對他的「激勵」卻功不可沒。

維克多生活在一個富有的家庭，年輕時游手好閒、不務正業，有許多酒肉朋友，成天就與他們一起玩樂。

在一次盛大的宴會上，他見到一位年輕美麗的小姐，想要親近她，於是上前搭訕。沒想到，那位小姐冷冷地說：「我知道你是誰，請你離我遠一點，我非常不欣賞你們這種不做正事的花花公子！」

維克多第一次碰到有人對他如此冷峻，雖然怒不可遏，但是並沒有失去理智，反倒像一直昏睡不醒的人，被人突然猛擊後醒來。

就在那天晚上，他開始反省自己的過去，感到非常悔恨和羞愧，之後寄給家人的信中寫道：「經過這件事之後，我要刻苦地努力學習，相信我將來一定會創造出一些成績。」

後來，他果然成功了，還成為國際馳名的偉大化學家。

維克多的確應該感謝那位小姐的直言不諱，但是最重要的，還是他遭到批評之後懂得深刻反省。

許多人遭受批評的時候總是，抱持著負面的想法，認為那是一種侮辱，因此常常惱羞成怒，不但無法冷靜下來好好反省，反而對提出批評的人大發脾氣。事實上，這種反應對自己有害無益。

我們當然不用把別人說的話句句當真，但卻不能忘記批評是進步的動力。如果那位小姐沒有用難聽的話將維克多打醒，他可能要花更多時間才能真正認識自己到底是什麼模樣，醒悟自己所過的生活是多麼無意義，或許，這個世界就會少一個偉大的化學家了。

維克多的正面心態是脫離過去游手好閒生活的關鍵，如果他不知道反省，那麼不論別人再怎麼批評，對他而言也如馬耳東風，起不了任何作用。

我們難免有受到批評的時候，如果有人指著你的鼻子說你不好，那麼，在你憤憤不平地回嘴之前，不妨先想一想：「他說的是眞的嗎？我是不是眞有需要改進的地方？」

有了正面心態，才能適時對自己的所作所爲進行反省，也才能劍及履及地改善自己不好的惡習與缺點。被人批評並不可恥，可恥的是對自己的缺點視若無睹、不思改進，不是嗎？

用正面的心態面對失敗

「失敗為成功之母」，但這句話的先決條件是：要從失敗中學得經驗並獲得啟發，更重要的是要繼續努力，不就此放棄。

如果你經過長久的努力之後，所得到的結果卻不如己意，你會怎麼辦？是怨天尤人？還是憤怒地拂袖而去？

以上兩種情況是普通人最常見的反應，如果你想當個有卓越成就的成功者，那面對失敗時就要跳脫普通人的層次，以更積極、更正面的態度面對。

在人類科學漫長的發展歷史中，曾經有過極爲重要且影響深遠的一幕：居禮夫人在她的「實驗室」裡搬動瀝青礦渣，把它們倒在煮飯用的大鐵鍋裡，用粗棍子攪拌著。

由於居禮夫人只是理論上推測，無法實際證明新元素「鐳」的確存在，巴黎大學的董事會拒絕爲她提供實驗室、實驗設備和助理，她只能在校內一個無人使用的破舊大棚子中進行實驗。

她工作了四年，最初兩年做的是笨重的化工廠作業，不斷地熔解分離，她相信，最後剩下的物體就應該是鐳。

經過一千多個日夜辛勤勞動的日子後，八噸如小山一樣的礦渣最後只剩下小器皿中的一點液體，再過一會兒便會結晶成一小塊晶體，那應該就是新元素「鐳」。當她滿懷希望地朝那個小玻璃器皿看時，卻看到四年的汗水和八噸瀝青礦渣最後竟只是一團污跡！

一般人認爲她一定會很生氣，會把那個小器皿連同裡面那團污跡摔得粉碎，但是，她並沒有這樣做。她疲倦地回到家，晚上躺在床上時，還在想那團污跡，想找出失敗的原因，喃喃說著：「如果我知道爲什麼失敗，我就不會對失敗太在意了。爲什麼只是一團污跡而不是一小塊白色或無色晶體呢？那才是我想要的鐳啊！」

居禮夫人像是對自己又像是對居禮先生說著，突然她眼睛一亮：「也許鐳就是那個樣子，而非如預測般是一團晶體。」

他們起身跑到實驗室，還沒開門，居禮夫人就從門縫裡看到偉大的「發現」——小器皿裡不起眼的那團污跡，此時在黑夜裡發出耀眼的光芒，那的確是鐳，一種具有極強放射性的元素。

居禮夫人與先生兩人欣喜若狂，他們終於成功提煉出前所未見的新元素，在科學的歷史上留下不朽的成就。

為什麼聰明如居禮夫人，經過四年努力後還對自己傾全力進行的研究成果不了解呢？爲何她連夢寐以求的「鐳」元素是什麼樣子都不知道呢？

其實，這並沒有什麼值得奇怪的，因爲世事往往難以預料，即使是諾貝爾獎得主，也無法對自己的研究成果有百分之百的把握。

但是，居禮夫人面對失敗的態度是正確的，雖然沮喪卻不畏懼失敗，就如同她所說：「如果我知道爲什麼失敗，我就不會對失敗太在意了。」

就是這樣積極求知的態度，讓她在艱苦的實驗過程中苦撐下來，更是她能夠獲得最後成功的原因。她沒有一氣之下把那團看似污跡的東西扔掉，也沒有因爲最終結果不如己意而生氣，更沒有因此放棄自己的實驗，反而冷靜下來仔細心思考，最後終於找到正確的方向。

俗話說「失敗爲成功之母」，但這句話的先決條件是：要從失敗中學得經驗並獲得啓發，更重要的是要繼續努力，不就此放棄。若能做到以上兩點，失敗也就沒有什麼好害怕的，反而顯示出你已離成功不遠了。

懂得請教，才能走上康莊大道

進退與取捨是需要智慧的。有時前輩所提供的不止是方法，甚至是開啟一道康莊大道的門，這就看我們懂不懂得去利用了。

每個人都有自尊心，對於低下頭向人求教這件事，總是覺得代表著自己不如別人，所以許多人寧願自己悶著頭努力，也不願意求助於人。

事實上，這是我們對自己設下的限制，如果想要有突破性的進步，千萬不要害怕向他人請教。

美國畫家尤金．韋森年輕時，每周都要去紐約拜訪一位著名的時裝設計大師，推銷自己的設計草圖，但總是遭到這位名人的拒絕。

失敗了三年以後，韋森開始總結教訓，知道癥結所在。

某天，他拿著六幅尚未完成的草圖對這位名人說：「如果您願意的話，能否給我一些指導，告訴我如何才能畫好這些畫？」

這位設計名人默默地看了一會兒，然後說：「幾天以後你再來拿吧。」

三天後，這位設計師很耐心地對韋森講了自己的構想，並悉心指導韋森。韋森聽取了他的意見，並在他的指導下重畫了這六幅畫，結果，韋森重畫的六幅草圖全被名人採用了。

印度詩人泰戈爾曾說：「如果有人問我們的行為會產生什麼後果，能走多遠而不致出錯，我們應該歡迎他，把他當作朋友。」

願意質問我們、提醒我們、回答我們的人，都是我們人生旅程中的貴人，透過他們的幫助，我們很快就能更上一層樓。

不論身在什麼行業、從事什麼工作，總是會有比我們經驗更老到、閱歷更豐富的人。他們對後進者而言，就如同一座座寶山一樣，充滿許許多多珍貴的寶藏，等待我們去挖掘；如果我們能夠拋下無謂的自尊心，謙虛地向他們求教，一定能得到豐厚的收穫。

當然，這不代表我們對前輩的經驗和意見就非得照單全收不可，這其中的進退與取捨是需要智慧的。

不過，像韋森這樣的例子可以讓我們知道，有時前輩所提供的不止是方法，甚至是開啓一道康莊大道的門，這就看我們懂不懂得去利用了。

展現特色才能彰顯價值

能夠發揮特色才是致勝的關鍵，即便手中擁有的是稀世珍寶，若不能挖掘出獨特的意義也是枉然！

我們都知道日本人是世界上最會做生意的民族之一，不論是有形的電子產品、汽車、電玩遊戲，還是無形的文化或智慧財產，如音樂、藝術，他們都能從中挖掘出無窮商機。

但這些商機是如何形成的呢？除了堅固好用、技術領先等等條件，有沒有什麼更深層的因素呢？

看看以下的小故事，你就能明瞭日本人在商場上獲勝的關鍵。

有一個很著名的日本商人叫吉田正夫，有一次攜妻子到菲律賓探親時，看到海邊的石頭裡有一種成雙成對的小蝦。

向漁民打聽之後，吉田正夫才知道，這些小蝦很小的時候就鑽進海邊的石頭縫裡，在裡面長成了雌雄蝦，但長大後就再也出不來了，就只能在裡面相依相偎共度一生。

另外，吉田正夫還發現當地人把這種小蝦當作玩具出售，但買的人很少。商人的敏銳使吉田正夫了解到，由於這種小蝦在出售過程中沒有彰顯出牠的特色，所以銷售情況差。但牠們的特色是什麼呢？

後來，吉田正夫想到，這不正是「愛情蝦」嗎？這一對小生命從一而終、始終不變，不正好象徵夫妻恩愛美滿嗎？他認爲，如果把這一層的意義與特色表現出來，應該會很有市場。

於是，回到東京後，吉田正夫立即開了一家結婚禮品店，專門出售這種小對蝦，而且為了突顯對蝦的特色，還花了一番心思為小蝦做巢穴，並配上小假山，取名為「偕老同穴」。

這種小對蝦推出後果然大發利市，成為東京的暢銷結婚禮品，也為吉田正夫帶來極大的利潤。

這種小蝦在菲律賓原本乏人問津，為什麼到了日本卻能造成這麼大的轟動呢？癥結就在吉田正夫懂得將這種蝦子的天性，轉換成具有商業賣點的特色。不但如此，他還懂得將這種特色進一步發揚，為牠們量身訂製小假山，更加強了牠們在人類眼中「白頭偕老」的意義。

小蝦的天性千百年來始終沒有改變過，當地人民雖然也販賣，但沒有發揮出牠們的特色，反而是來自外地的吉田正夫看準這一點，創造出無限商機。由此可見，能夠發揮特色才是致勝的關鍵，即便手中擁有的是稀世珍寶，若不能挖掘出獨特的意義也是枉然！

有眼光，才能迎向成功的曙光

只會追隨前人的腳步，或一窩蜂地與他人爭搶狹小的市場版圖，那就註定一無所成，因為缺乏前瞻的眼光，就等於放棄未來。

蘇聯詩人儒可夫斯基曾經寫道：「鳥有翅膀能飛到天空，人沒有翅膀，但憑著智慧的力量，也可以神遊天際，看見寬闊的視野。」

人越有智慧，觀看的視野就越寬闊，也越具備前瞻性的眼光，可以清楚地預見未來世界的發展趨勢。

洛克菲勒是二十世紀美國最有名的石油大王，擁有無數的財產。然而，在他發跡的過程中卻有許多發人省思的故事，以下的這則小故事足以告訴我們前瞻的

眼光有多麼重要。

約翰．洛克菲勒是如何發現石油事業的商機呢？當時，他注意到，雖然美國中南部的石油儲量非常豐富，但由於冶煉加工方法十分原始，產量非常低，使用起來也不安全。洛克菲勒認爲，這正是他的機會所在。

他先是找了一個人合夥，就是曾經與他在機械廠工作過的維修工，名叫塞繆爾．安德魯。一八七〇年，洛克菲勒利用合夥人發明的新冶煉加工方法冶煉出第一桶石油，由於油質很好，生意很快就逢勃發展。

後來他們又增加一個合夥人，名叫弗萊格勒，但是過了不久，安德魯表示他對現狀不滿，希望退出合夥關係。

洛克菲勒問他：「當初這個公司是我與你合夥設立的，照理說一人應該可以得到一半的利潤。現在你要退出，你要什麼做爲你的補償？」

安德魯心想，那就塡一個讓自己下半輩子都可以好好享受的大數字吧，如果洛克菲勒不同意，再慢慢跟他談。於是，他只想了一下，就在字條寫了「一百萬美元」。

安德魯本以爲洛克菲勒會認爲他在開玩笑，沒想到洛克菲勒只是默默地將那張字條收起來，而且不到二十四個小時，就將這筆錢遞到安德魯的手中。請他簽字退出公司後，洛克菲勒說：「你只要一百萬美元，而不是五百萬、一千萬，要價眞的不高。」

安德魯覺得洛克菲勒在吹牛，當時公司雖然已經開始賺錢，但是所賺利潤的一半還離一百萬美元一大段距離，不禁在心裡笑洛克菲勒是傻瓜，收下錢之後就離開了。

他沒料到的是，接下來的短短二十年中，這個資本額只有一千美元的小冶煉廠如滾雪球般地迅速成長爲一個具有市場壟斷能力的巨大企業——美孚石油公司，總資產達到九千萬美元，股票價格也升至每股一百七十美元，公司的市場價値高達一億五千萬美元。

安德魯雖然從洛克菲勒手中拿到當時算是相當高的金額，但後來的人生恐怕會活在無盡的後悔當中，不斷埋怨自己當年爲何如此輕易地讓出公司。因爲，眼見美孚石油公司日漸茁壯，但當初研發出關鍵性新冶煉加工方法的安德魯卻無法再獲得任何利潤。

相反的，洛克菲勒則對自己的公司深具信心，看見並相信石油行業裡的商機，這件事顯現出他了不起的前瞻眼光，這點正是所有企業經營者必須具備的條件。有眼光，才能迎向成功的曙光。如果一個創業者、經營者只會追隨前人的腳步，或一窩蜂地與他人爭搶狹小的市場版圖，那就註定將來一無所成，因爲缺乏前瞻的眼光，就等於放棄未來的希望與無限商機。

毅力與品格才是成功的保證書

想開創一番自己的事業，或是想在既有的領域中好好發揮，千萬不要忘了，毅力與品格將會是你不可缺少的成功特質。

想要成功開創一番事業最需要的是什麼？

資金？資源？或是經驗與知識？

也許這些都是創業的要素，不過並不是保證成功的條件，不然怎會有那麼多人投入大筆資金、聘請優秀人才，最後仍創業失敗？相反的，有人欠缺這些條件，依舊能白手起家，最終成爲億萬富翁，這兩者的差別在哪裡呢？

一九六五年，藤田畢業於日本早稻田大學經濟系，在一家電器公司上班。直到一九七一年，藤田才決定開創自己的事業，經營麥當勞生意。

麥當勞是世界著名的連鎖速食店，沒有相當的財力是無法取得特許經營權的，但當時藤田才從學校畢業幾年，只是一個普通的上班族，總積蓄只有五萬美元，家裡也沒有能力支持他。要加盟麥當勞必須向麥當勞總部繳納七十五萬美元的現金，而且還必須有一家中等以上銀行的信用證明。

雖然資金遠遠不足，但他還是決心要加盟麥當勞，因爲他看到了這一產業的巨大潛力，因此開始在親戚朋友中借錢。可是，經過五個月的籌資，他只借到四萬美元，離七十五萬美元還有一大距離。一般人在這種時候肯定灰心喪氣，但藤田沒有，依舊努力籌措資金。

某一個早上，藤田走進住友銀行總經理辦公室，誠懇地向總經理表達自己創業的心願，並詳細述說自己的創業計劃。不過，總經理給他的答覆是：「你回去吧，我考慮一下再答覆你。」

這句話怎麼聽都像是推託之辭，藤田心中自然非常失望。但他沒有洩氣，片刻後他就鎮定下來，繼續懇切地對總經理說：「先生，能讓我說說我現有的五萬美元存款是怎麼來的嗎？」

「喔？你說吧。」

「那五萬美元是我在過去六年中按月存款的結果，」藤田說：「我每月堅持存下三分之一的工資，從未間斷。雖然在這六年裡，我曾經無數次面對經濟困難，但都咬緊牙關，努力撐了過來。有時候，我遇上計劃外的開支，但我還是堅持存款，甚至爲了存款，厚著臉皮向朋友借錢。我之所以堅持要存款，是因爲我在走出大學校門的那一天就下定決心要在十年內存到十萬美元，用這筆錢開創事業，不過，現在創業的機會來了，我必須提前開創事業。」

總經理越聽越認眞，最後詢問藤田存錢的那家銀行地址，對他說：「年輕人，我下午就可以答覆你。」

藤田離開後，總經理立即開車前往藤田存錢的那家銀行，親自了解藤田存款的情況。櫃台小姐告訴總經理：「你是問藤田先生啊？他是我接觸過的客人中最有毅力、最有禮貌的年輕人，在過去六年裡，他眞的每月準時到銀行來存錢，我實在非常佩服他的毅力。」

聽了櫃台小姐的說法後，總經理大爲感動，馬上打電話到藤田家裡，告訴他住友銀行將無條件支持他開創麥當勞事業。

總經理感慨萬分地解釋支持藤田的理由：「我今年已經五十八歲了，論年齡，我是你的兩倍，論收入，我的薪水是你的三十倍，但直到今天，我的存款都沒有你多，僅這一點我就自愧不如、敬佩有加。我很放心把錢借給你這麼嚴謹、這麼有毅力的人，同時，我敢保證你將來一定會成功。」

這位總經理的確沒有看錯人，現在日本所有的麥當勞都是藤田的，他早已成爲億萬富翁了。

看完這個故事我們會發現，想要創業，資金、經驗……等條件固然相當重要，但是要長久穩定地經營事業，最大的關鍵還是在於自身的毅力與品格。

藤田在年輕時就立定志向，並且在進入社會之後加以實現，即便沒有人監視他、沒有人逼迫他，他還是能夠在各種極端困難的情況下，從微薄的收入當中固定存入一定數量的金額，一步步實現他的理想。光是這一點就足以讓人感受到他務實平穩、律己甚嚴的性格，那位住友銀行的總經理正是了解藤田這樣的性格與毅力，才會願意將創業金借給藤田，因爲他知道：能夠這樣認眞、踏實地爲未來做準備的人，是絕對不會失敗的。

如果你也正想開創一番自己的事業，或是想在既有的領域中好好發揮，千萬不要忘了，毅力與品格將會是你不可缺少的成功特質。

想做大事，先做好小事

不要因為沒有完成什麼驚天動地的事情而沮喪，積極對待你所遇到的每一件小事，或許這些小事正是你將來成功的關鍵！

每個人的一生都好像是一塊柔軟的黏土，最後到底會變成什麼形狀，全由捏土的人自己來決定。

心態是決定成敗的關鍵，在日常生活中，應該認眞對待每一件小事，因爲小事也能造就出成功。

亞吉特只是美國一家石油公司的一名普通職員，但無論在什麼場合中簽名，最後都不忘加上公司的宣傳語「每桶四美元的標準石油」。

時間一久，同事與朋友們乾脆給他取了個「每桶四美元」的外號，亞吉特這個眞名反而沒人再叫了。

公司董事長洛克菲勒聽說此事後，便將亞吉特叫來辦公室，問他：「別人都用『每桶四美元』的外號叫你，你爲什麼不生氣呢？」

亞吉特答道：「『每桶四美元』不正是我們公司的宣傳標語嗎？別人叫我一次，就是替我們公司做一次免費宣傳，我爲什麼要生氣呢？」

洛克菲勒聽了不禁感嘆道：「隨時隨地都不忘爲公司宣傳的人，正是我們公司需要的職員呀！」

五年後，洛克菲勒退休，亞吉特成爲標準石油公司的下一任董事長。他得到升遷的主要原因，就是堅持不懈地爲公司進行宣傳，這種時時爲公司著想的精神感動了洛克菲勒。

洛克菲勒曾經說：「我成功，就是因為我關注了別人忽視的小事情。」

也許很多人認爲，自己要成功就必須好好完成一件重大任務，引起所有人的注意，如此一來才能平步青雲。

事實上，成功常常是由既細微又必須持之以恆的「小事」累積而成的。因爲它小，大部份人不易察覺，但是，這些「小事」聚沙成塔形成的作用卻絕不容我們小覷。

因此，不要因爲沒有完成什麼驚天動地的事情而沮喪，只要像亞吉特一樣積極對待你遇到的每一件小事，或許這些小事正是你將來成功的關鍵！

7

PART

做好準備就能抓住機會

當命運不如己意的時候，
仍要保持一顆平常心，不斷充實自己，
如果一個人真有才華，
只要能把握機會，必定能夠一鳴驚人。

踩到狗屎，不是你的錯

擁有好實力是一個人的優勢，可是擁有迎向「下一次」的勇氣，才是決定輸贏的關鍵，從失敗中吸取經驗，讓自己有再加油的勇氣。

每個人都有過失敗的經驗，受到打擊的程度和次數也不同。在抗壓力越來越低的年代，有人用「草莓族」、「豆腐族」形容遭遇失敗就一蹶不振的人，就像一碰就爛的草莓和豆腐。

面對失敗的抗壓性大小無關乎性別或年紀，甚至是能力，端看一個人願不願意在失敗後，站起來重新出發。

失敗並不可恥，可恥的是能站起來卻不肯站起來，走不出失敗陰影的人。

保羅・高爾文是個身強力壯的愛爾蘭農家子弟，充滿進取的精神。十三歲那年，看見其他孩子在火車站的月台上賣爆米花，他被吸引了，也跟著去賣。

但是他不知道，早已佔住地盤的孩子們並不歡迎他人來競爭。爲了幫他懂得這個道理，他們搶走了他的爆米花，全部倒在街上，並且打了他一頓。那是他第一次做生意的經驗。

第一次世界大戰後，高爾文從部隊回家，在威斯康辛開了一家電池公司，但無論他怎麼盡力推銷，產品依然打不出銷路。

有一天，高爾文離開廠房出去午餐，回來時大門已被上鎖，公司被查封了，他甚至無法進去取出他掛在衣架上的大衣。

一九二六年，他又跟人合夥做起收音機生意。當時，全美國估計只有三千台收音機，預計兩年後將擴大一百倍。這些收音機都是用電池發動，他們想發明一種燈絲電源整流器代替電池。這個想法本來不錯，但產品還是乏人問津，生意一天天走下坡，只能停業關門。

不久之後，高爾文再度出發，透過郵購銷售辦法招攬了大批客戶。他手裡一有了錢，就創了一間公司，專門製造整流器和交流電真空管的收音機。可是不到三年，高爾文還是破產了。

那時的他幾乎陷入絕境，可是他絲毫不願意放棄掙扎，想出一個辦法，就是將收音機裝到汽車上，但是有許多技術上的困難需要克服。

到了一九三〇年底，他已經負債三百七十四萬美元。甚至連買食物、交房租的錢都沒有，全身上下只剩二十四塊錢，而且全是借來的。

然而，高爾文並沒有停止奮鬥，經過多年不懈的努力，終於成功了，成了腰纏萬貫的富翁。

思想家西塞羅曾說過：「每個人都有不堪回首的過去，只有蠢蛋才會讓自己沈迷於那段過去。」

活在這個隨時都可能踩到「狗屎」的時代，你應該做的是選擇迎向美好的未來，而不是生氣、沮喪，任由負面情緒主宰自己。

人生中，遭遇失敗是常有的事。在「失敗」的打擊下，很容易讓人忘記其實還有「下一次」的機會。

就算碰到無數次的失敗，只要不放棄，都能從頭來過。

就像高爾文坎坷的創業過程開設公司，即使倒了一次又一次，他也選擇重新再出發，才有後來的成就。

擁有好實力是一個人的優勢，可是擁有迎向「下一次」的勇氣，才是決定輸贏的至要關鍵。

從失敗中吸取經驗避免重蹈覆轍，在失敗後要將眼光放在「下一次」，讓自己有再加油的勇氣。必須從失敗中學習，才能獲得最後勝利。

就像英國詩人哥德史密斯說過的：「我最大的光榮不是從未失敗，而是每倒下來就再站起來。」

懂得創造機會的人才是最後的贏家

在別人不會在意的地方仔細留意，並進一步將從中發現的創意實踐在日常生活應用當中，這就是成功的秘訣。

我們面對的是一個景氣持續下滑、充滿詭譎變數，但是同時又充滿機會的時代，許多人因為經濟環境不斷惡化而過得更差，但是，也有不少人把生活壓力變成前進的動力，在不景氣中開創了屬於自己的新天地。

當你在工作環境中發現一堆又刺人又惱人的荊棘叢時，你會怎麼做？是連忙去拿刀子與斧頭除掉它們？或是點一把火將荊棘叢燒得乾乾淨淨？

且慢，我們不妨先來看看故事裡的這位主角在荊棘叢中發現了什麼，也許你

也會發現身邊的無用之物中其實埋藏了無價之寶喔！

美國加利福尼亞州有一個名叫約瑟夫的孩子，小學畢業後由於家中經濟困難，無法繼續唸書，只好去幫別人放羊。

約瑟夫非常喜歡讀書，經常因爲放羊時埋頭苦讀，未發現羊群撞倒柵欄跑到附近的農田裡毀壞莊稼，而受到老闆責罵，於是他決心找到一種能夠防止羊群衝出柵欄的方法。

原來的柵欄只是在木條上繫上繩索，羊群能夠輕易地撞破柵欄跑出去，不過，他無意中發現有一面柵欄不會被羊群撞倒。經過細心觀察，他發現原來那裡生長著一大片荊棘。

約瑟夫心想，如果能善用，不就可以防止羊群跑出去了嗎？於是就種了一些荊棘來做柵欄，果然解決了羊群亂跑的問題，他也就可以放心讀書了。

但過了一段時間後，約瑟夫又覺得要在幾十公里的範圍種植荊棘，實在太費事費時了，於是另外想出了一個好辦法：用鐵絲代替繩索做成柵欄，再用許多短鐵絲做成鐵荊棘繫在柵欄上。

如此一來，就不必眞的種植荊棘了，而且效果也十分理想。就這樣，約瑟夫發明了帶有鐵荊棘的柵欄，並受到了大人們的讚揚。

約瑟夫並沒有就此罷手，還向別人借了一筆錢，開了一家小工廠，專門生產這種「不需要看守羊群」的鐵柵欄。後來，他又加以改進，將兩根鐵絲扭在一起後，再將一根鐵絲夾在當中，如此一來鐵柵欄就更加牢固了。

這種產品進入市場後，大受國內用戶的歡迎，不但可以防止羊群跑出去，一般家庭還可以用來防盜，軍隊也能用來當作阻擋敵人的防禦網。

約瑟夫先後在本國和其他許多國家取得了發明專利權，這位「牧羊的孩子」也搖身一變，成爲坐擁巨額財富的大富翁。

被譽爲「鄉村聖人」的美國作家約翰．巴勒斯在《醒來的森林》裡曾經這麼寫道：「機會似乎是很誘人的，事實上有很多遙不可及和美好的事物都是騙人的。最好的機會就在你的身邊。」

的確，機會就在我們的身邊，發現並且活用它的人成了人人稱羨的「龍頭」，毫不留意它存在卻一味埋怨的人，自然只能當「豬頭」了。

約瑟夫沒有傲人的學歷與家世背景，也不像電影經常出的情節，在深山古墓中挖到大量的寶藏，反而卻是在荊棘叢裡「發現」了讓他一輩子享用不盡的財富，這是不是足夠令我們大吃一驚呢？

然而，他的成功絕對不是偶然的，畢竟我們當中有多少人能在不起眼的地方，甚至是惱人的荊棘叢中，發現足以改變自己一生的創意或理念呢？

約瑟夫在別人不會在意的地方仔細留意，並進一步將從中發現的創意實踐在日常生活應用當中，這就是他成功的秘訣，也是最值得我們學習之處。

出身並不會決定你的命運

出身並不會決定一個人的命運，只有對人生的態度才會影響自己的命運，我們的未來握控在自己手中。

做父母的總是想盡辦法爲子女創造出最好的環境，堅信絕不能「讓孩子輸在起跑點上」，因此，讓孩子上最好的幼稚園、小學、中學，讓他們參加各種才藝班、英語班……無論如何也要在孩子小的時候就爲他們鋪設好通往未來的道路。但是，難道沒有這樣的好環境，就無法爲孩子造就光明燦爛的未來嗎？難道孩子的出身背景就能決定一輩子的命運嗎？

先看看以下這則小故事，或許能讓你用不同的態度看待以上的問題。

「我是住在宮廷裡的孩子，」在丹麥一個兒童聚會上，一個漂亮的小女孩這麼說：「我父親是議院的侍從官，那是一個很高的職位。至於那些平民百姓，永遠都成不了大器。所以，在他們面前，我總是兩手插腰以便能跟他們保持距離。」

「但是，」一個記者的女兒插嘴道：「我爸爸可以把你們的爸爸和所有人的爸爸都登到報紙上，我爸爸說各式各樣的人都怕他，因為他可以按自己的想法決定要把誰登在報紙上。」

「唉，要是我能成為他們當中的某一個該有多好呀！」一個透過門縫往裡面偷看的小男孩有些感慨地想。

他是得到廚師允許，才能站在那裡的，因為他只是個為廚師做廚房清潔工作的童工，根本不夠資格參加這場兒童聚會。他與這些人完全不一樣，他的家境非常窮困。

年復一年，日復一日，隨著時光流轉，當年聚會上的孩子已變成風度翩翩的紳士和高貴典雅的淑女，他們的房子裡有一座金碧輝煌的廳堂，在那裡面佈置了各式各樣精美絕倫、價值連城的藝術品。然而，他們並不知道這些藝術品的作者，就是當年那個怯生生地從門縫裡偷看他們的小男孩。

那個窮困的小男孩後來成爲偉大的雕刻家，他就是丹麥藝術家及著名的雕塑《耶穌及十二使徒》的作者托瓦爾森。

命運和出身無關，只和自己的意志與努力有關。印度詩人泰戈爾曾經說道：「正像一個年輕的老婆不願摟抱那年老的丈夫一樣，幸運女神也不願摟抱那些遲疑不決、懶惰、相信命運的懦夫。」

命運不是機遇，而是選擇：你選擇什麼，最後便造就什麼。

人的命運往往是自己造成的，和父母的用心無關，和置身環境的優劣無關，人就是自己命運的設計師。即使家族或父母可以事先爲孩子預備好康莊大道，但最終的成就還是取決於個人努力。這是一個很簡單的道理，但卻有許多人陷在家世背景的迷思中。

因此，如果我們的人生路途不是很順遂，第一個應該檢討的應該是自己，而不是只會羨慕那些「含著金湯匙出生」的幸運者，或是一再埋怨自己爲什麼老是懷才不遇。

我們聽過太多出身顯赫但最終卻把家產敗光的故事，也有許多像托瓦爾森這樣憑藉自己力量而功成名就的例子。

出身並不會決定一個人的命運，只有對人生的態度才會影響自己日後的發展。我們的未來握控在自己手中，不論成功還是失敗都要對自己負責。

做好準備就能抓住機會

當命運不如己意的時候，仍要保持平常心，不斷充實自己，如果一個人真的有才華，只要能把握機會，必定能夠一鳴驚人。

人生不會總是一帆風順，有巔峰必有谷底，有高潮必有低潮。

很多時候，我們會覺得自己的才能受到埋沒，日子過得鬱鬱不得志，於是便開始怨天尤人，甚至日漸消沉。

然而，眞正有才能的人不會永遠被忽略，就算世間的伯樂少得可憐，絕大多數人還是長著兩隻眼睛，看得到哪匹馬跑得快。

因此，如果你總是覺得無緣遇到賞識自己的伯樂，不妨捫心自問：當時機到來時，自己真能準確掌握嗎？

卡諾瓦的祖父是一名傑出的雕塑家，由於家風影響，卡諾瓦從小就學習這門手藝。可是，到了卡諾瓦父親這一代時，由於家道中落，使得未成年的卡諾瓦不得不外出工作謀生。

他去當地一個貴族家裡當僕人，在廚房裡幹粗活，雖然日子辛苦，但他卻沒有怨言。有一天，這個貴族在家中大擺宴席，邀請了一批社會名流前來，就在開宴之前，管家卻發現擺在大餐桌上的甜點裝飾品被弄壞了，急得不得了。這時，卡諾瓦對管家說請讓他試一試，他可以在很短的時間內弄出一個飾品代替。

管家沒有其他辦法，只好死馬當作活馬醫。只見卡諾瓦以極嫻熟的手法把一大團黃油塑成一尊維妙維肖、威武雄壯的獅子，管家簡直不敢相信這是一個孩子的作品，興高彩烈地把這尊黃油獅子端上餐桌。

結果，這尊獅子成為赴宴的王公貴族們談論的話題，本是大啖美食的宴會也變成黃油獅子的鑑賞會。當有人問這是哪個大雕塑家的傑作時，管家向人們介紹了這位少年——卡諾瓦。

得知這項精美絕倫的作品是個窮小孩倉促間完成的，大家都非常驚訝，紛紛稱讚卡諾瓦的才華。

主人覺得這個僕人爲他掙足面子，於是當衆宣佈，將出資讓這個孩子進行深造，讓他的天賦得到更大的發揮。

主人沒有食言，卡諾瓦也沒有被幸運沖昏頭，勉勵自己以純樸、勤奮的心認眞學習技藝。他明白，這是自己人生中的一大轉折，如果不專心學習，終將一事無成。

後來，卡諾瓦果然成爲世界上最偉大的雕塑家之一。

作家伏契克曾經勉勵我們說：「你應該樂觀面對生活，不管目前的生活是否盡如己意。」

面對生活的態度，決定一個人究竟過著什麼日子。

卡諾瓦在少年時代就已經擁有優異的才能與技藝，卻因爲家庭因素必須爲人幫傭，但他並沒有被命運擊敗，仍舊盡力而爲、積極進取。

正是因爲這樣，所以當機會來臨時，他才能以嫻熟的技巧、出色的藝術天分打動每一個看到他作品的人。

當命運不如己意的時候，我們仍要保持平常心，並且不斷充實自己。如果一個人眞的有才華，那麼，只要能把握機會，必定能夠一鳴驚人。要在適當的時刻展現自己，你，準備好了嗎？

努力才是通往成功的捷徑

只要能夠抱持著「無論如何絕不放棄」的心態，即使是乍看之下幾乎不可能的事，也會有實現的一天。

日子難過，或許不盡然是你的錯，但是成天怨天怨地、怪東怪西並不能解決問題，無論如何，你還是得想辦法擺脫目前的苦日子，否則你的日子非但不會改善，而且會越來越痛苦。

人必須不斷奮鬥，才可能有所成就，正如美國總統富藍克林．羅斯福所說的：「生活就像橄欖球比賽，原則就是奮力衝向底線。」

如果我們總是認爲自己有心無力，有太多辦不到的事情，那我們可能得問問自己：「我是不是真的已經盡力了？」

在倫敦一個簡陋的馬房裡，住著一名叫麥克．法拉第的窮孩子，靠賣報維持生計，並曾在裝訂商和圖書出版商當過七年學徒。

某一次，在裝訂大不列顛百科全書時，法拉第偶然看見一篇介紹電的文章，對此十分感興趣，便認真地把這篇文章讀完了，並且以書上介紹的方法做簡單的實驗。

有一位顧客被這個小男孩的求知慾深深感動，於是把他帶去聽著名化學家漢弗萊．戴維的演講。

聽完演講後，麥克．法拉第鼓足勇氣，寫了一封信給這位偉大的科學家，並把自己做的聽講筆記寄給戴維本人審閱。戴維被這個小男孩的勇氣及嚴謹的科學態度感動，親筆寫了一封信請他當自己的助手。法拉第看了這封信後萬分激動，畢竟這對他而言是最好的嘉獎啊！

法拉第在良師教導下有了顯著進步，經過一段時間觀察和學習，自己也做起了實驗。很快地，因爲法拉第超凡脫俗的悟性和突飛猛進的科學成就，許多一流的科學研究人員紛紛邀請這個「窮小子」前去演講。

站在巨人肩膀上的法拉第，攀登上科學的巔峰。最後由於卓越的成就，他被任命爲伍爾韋奇皇家學院的教授，成爲那個時代的科學園地中最瑰麗的一株奇葩。

英國物理學家廷德爾評價法拉第說：「他是迄今爲止最偉大的實驗哲學家。」他的導師漢弗萊．戴維先生更是以他爲榮，當被問及一生中最大的發現是什麼時，十分自豪地說：「我一生中最大的發現就是麥克．法拉第。」

一個只會活在愁雲慘霧之中，不懂得把握當下開創未來的人，是最愚不可及的。日子難過，或許不盡然是你的錯，但是怨天怨地、怪東怪西並不能解決問題，無論如何，你都必須學會放下，好好活在當下，否則你的日子只會越來越苦。

身處逆境之時，你正站在人生的分水嶺，千萬不能心生絕望，而要滿懷希望，堅強勇敢走過眼前的黑暗，並用信心迎接黎明的到來。千萬要記住：越不如意，就越要努力；努力才是擺脫苦日子的捷徑。

成功與失敗之間的分別不是在於才能或環境的差別，而是在做從事的態度。成功者抱持著「無論如何絕不放棄」的心態，所以即使乍看之下幾乎不可能的事，也會有實現的一天，因爲堅強的意志與信念就是最大力量。

法拉第就是最好的例子。他並沒有受過正規的教育訓練，也不是出身名校的學者，原本在學術領域中的經歷幾乎是零，但卻因爲一心渴求科學與眞理的態度，戰勝他人懷疑的眼光與社會階層的壓力，終於在科學的領域中開花結果，成爲一代大師。

我們許多時候都因受限於外在因素，而否定了自己的可能性，法拉第的故事正好清楚地告訴我們：只要用心追求，總有得到成功的一天。

永不退縮才能戰勝逆境

一個受到幾次挫折就萌生退意的人，會因為頻繁地更換工作，無法在專業領域中累積寶貴的實務經驗，也無法獲得成功。

我們常常聽到一些企業主管批評現在職場的年輕人抗壓性不足、穩定性不夠，常常一年之內換了三四個工作，卻總是無法找到最適合自己的領域。

如果這種情形一再發生在你身上，那麼，應該檢討的，或許不是求職方向與工作環境，反倒應該思考自己的工作態度是否需要改進。

日本有一位著名的企業家叫市村清，剛從大學畢業進入社會時，決心要做一番事業，然而，畢業後不到兩年的時間裡，卻不得不換了三次工作。這種情況對崇尚職業穩定的日本人而言，簡直是不可思議的事，而且，這三個工作一個比一個辛苦，讓他感到十分失落。

走投無路之際，他進入一家保險公司，做保險推銷員。這項工作不但辛苦，而且又沒有底薪，如果做不出業績來，就一點保障都沒有。

但是，他沒有其他選擇，只好對自己說：「我就暫且先做這份工作吧，等有機會時就立即跳槽！」

雖然他每天一早就出門奔波，但過了很長一段時間，還是連一筆保險也沒做成，眼看家裡的米缸中連一粒米也沒有了，心裡萬分著急。

於是市村清打起了退堂鼓，對太太說：「我一連奔走了三個月，都毫無所獲，所以我想我不應該再做這項工作了，我根本就不適合從事保險業務，我們還是到別的地方找工作吧！」

看著丈夫有氣無力的樣子，太太沉默了一陣後說：「你若要去別的地方，我當然會和你一起去，但現在距離年底只剩半個月了，請你再努力半個月吧，如果到時還是一事無成，我們再去別的地方好嗎？」

聽完太太的話，市村清深受感動，心想：「一位女子尚且有不退縮的毅力，我怎能如此軟弱呢？我必須繼續努力，不成功絕不罷休！」

第二天，市村清抱著再試一試的想法，硬著頭皮又如往日那樣開始奔波了。但在工作過程中，市村清所湧現的「力量」漸漸發生了顯著的變化。

最初他對保險業務懂得不多，後來漸漸累積了不少知識；最初他對客戶的消費心理不夠了解，後來他把握了各種人群的消費心理；最初他沒有任何推銷技巧，後來他學習、摸索、領悟了很多實用的訣竅；最初客戶們對保險的認識不夠完整，後來在他不斷介紹下，他們明瞭了保險的意義。

最後，他終於獲得成功，由簽下小筆生意到簽下大筆生意，三個月後，他已成為責任區域中最優秀的保險推銷員了。

人生過程中的失意和挫敗是難免的，但是要設法克服，不能自艾自憐，就像英國詩人雪萊所說的：「如果你十分愛惜自己的羽毛，不使它受一點損傷，那麼你將失去兩隻翅膀，永遠不能夠凌空飛翔。」

想在工作上追求更好的表現，創造更好的成績，「實際經驗」是不可或缺的一環，能夠累積經驗，才能了解工作必須具備各方面的知識與技能，也才能游刃有餘地處理原本不擅長的事項。

一個受到幾次挫折就萌生退意的人，會因爲頻繁地更換工作，使自己無法在專業領域中累積寶貴的實務經驗，不論做什麼工作都難成大器，即使在某方面眞的擁有過人的長才，也無法成就一番事業，無法獲得成功。

用不同的方式說服頑固的客戶

有時，當所有一般方法都已經嘗試過後，需要的是巧思與創意，說不定只要換一個方式，就能開創出新的局面呢！

在達到目的之前，可能要經歷許多艱辛和困難，甚至還會遇到許多無法想像的情況，畢竟世上有太多難以預料的事情了。可是，萬一我們剛好遭遇了，又應該如何面對呢？

先看看以下的小故事，再反省自己是否也有如此的毅力與機智呢？

日本保險業著名的推銷大師原一平進入保險業之初，曾經在三年零八個月的時間內拜訪同一個客戶七十次。

那時，他從業務部得知了一家專門銷售男性用品的公司總經理的個人資料，第二天就迫不及待地上門拜訪。

開門的是一個看起來相當有涵養的老人，原一平猜測他一定是總經理的長輩，因爲這位長者聽完原一平的自我介紹後，彬彬有禮地說：「總經理不在家，請改日再來。」

「那總經理一般是什麼時候在家？」原一平恭敬地問。

「公司的事情很多，我也不太清楚。」老人這樣回答。

原一平又問了其他問題，但老人總是以「不太清楚」推託。

就這樣，接下來的三年零八個月的時間裡，原一平總共拜訪了七十次，但每次都撲了空。後來，他意外地從一個客戶那裡得知，那位每次對他說「總經理不在，你下次再來」的老人竟然就是總經理本人。

這讓原一平憤怒不已，感到自己被人戲弄了。就算這個老人表明自己的身份，對他大叫「我不需要保險，你別白費心機了」，也總比每次面帶微笑地推託要好多了。這個令人生氣的老人，白白浪費了自己多少時間呀！

怒氣沖天的原一平決定要懲罰一下這個老人，於是來到那棟曾去過七十次的高樓，沒想到在一樓時就看到那老人正在清理水溝。原一平雙手抱在胸前，靜靜地等他清完水溝，隨即點了一根煙，排遣心中的鬱悶。

抽煙的過程中，原一平的怒氣漸漸平息下來，開始靜靜思考與老人會面時的所有對話，心想：「這個老頭顯然不是普通人，想要做成這筆生意，非得用些『非常』手段不可。」

老人終於開始收拾工具，於是原一平熄了煙並深深地吸了兩口氣，上前攔住那位總經理。

「您好，我是明治保險的原一平，請問總經理在家嗎？」

「唉！眞不巧，他剛剛出門了。」

原一平聽到這樣的回答後，大聲說道：「老先生，我知道你就是總經理本人，如果你不想買保險，可以直接拒絕我，爲什麼要這樣戲弄我呢？這是在考驗我的耐性嗎？」

「其實，從第一天起，我就知道你是來推銷保險的。」那老人居然露出奸詐的笑容回答著。

原一平聽到這樣的回答決定冒個險，便假裝很生氣地說：「如果我第一天就知道你是總經理，我才不會浪費三年零八個月的寶貴時間，來向一個行將就木的人推銷保險。如果明治保險公司的客戶都像你這麼病弱，可能早就倒閉了。」

「什麼？你這傢伙竟然如此詛咒我！我難道連投保的資格都沒有嗎？你馬上帶我去體檢，我要讓你知道我絕對夠健康，絕對有資格投保！」老人的聲音也大了起來。

原一平看到自己的話已經激起了這個頑固老人的鬥志，感到目的已經達成，心中不免一陣竊喜，不過，表面上仍鎮定地說：「哼，我才不為你一個人浪費時間呢！如果你們全家和全公司都投保的話，我還可以考慮。」

「好，就這麼決定了，我們明天就去投保。」

於是，最後總經理全家和全公司的人都變成原一平的客戶，他的業績也一下子就破了公司的保險銷售紀錄。

故事裡這位老人的確脾氣古怪，但是原一平卻不氣餒，在第七十一次的拜訪中，成功讓這位老人成為自己的客戶，靠的就是他在之前七十次會面中所遭到的挫折。

這三年零八個月來多達七十次的戲弄，讓原一平明白無法用一般方式說服這位老人，但他不但沒有就此放棄，反而憑藉著先前失敗的經驗與自己的機智而成功拉到一個大客戶。

人們常說「出奇制勝」，有時，當一般方法都已經嘗試過後，需要的便是巧思與創意，說不定只要換一個方式，就能開創出新的局面呢！

發現行業潛力，就能快一步獲利

有人可以靠拾荒致富，有的只能靠一輩子的勞力付出累積有限的財富。只要你能比別人早一步發現商機，就能快別人一步獲利。

法國南部山區的酪農流行一種借貸方式，那就是直接向法國民眾貸款，至於抵押品，則是自己養的牛和親手做的起司。酪農認爲，與其向銀行貸款，不如開放讓民眾認養牛隻，不僅有固定且新鮮的起士供應以及不定期牛肉可大快朵頤，還能利用假日享受農家之樂。

這樣的方式，除了民眾覺得新鮮有趣之外，酪農也可以減少貸款利息的壓力，甚至爲酪農業開創新的商機。

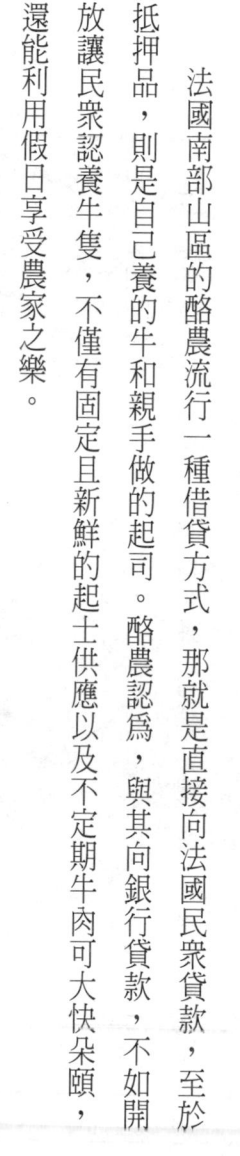

無論從事哪種行業，即使是微不足道、毫不起眼的工作，都有潛在的商機可挖掘。就看你有沒有動動腦筋，把握機會了。

有一個叫王洪懷的人，以拾破爛爲生。

有一天他突發奇想，盤算著收一個易開罐才賺幾分錢，如果將它熔化了，作爲金屬材料賣，是否可以多賣些錢呢？

於是，他把一個空罐剪碎，裝進自行車的鈴蓋裡，熔化成一塊指甲大小的銀灰色金屬，然後花了六百元在有色金屬研究所做了化驗。

化驗結果顯示這是一種很貴重的鋁鎂合金！當時市場上的鋁錠價格，每噸在一萬四千元至一萬八千元之間，每個空易開罐重十八點五克，五萬四千個就是一噸。這樣算下來，賣熔化後的材料比直接賣易開罐要多賺六、七倍的錢。於是，他決定回收易開罐熔煉。

爲了多收易開罐，他把回收價格從每個幾分錢提高到每個一角四分，又將回收價格以及指定收購地點印在卡片上，向所有的拾荒人散發。

一週以後，王洪懷騎著自行車到指定地點一看，只見一大台貨車在等他，車上裝的全是空易開罐。

這一天，他回收了十三萬個，足足兩噸半。

提供給他易開罐的同行們，卸完貨又回去拾他們的破爛，王洪懷則趁機辦了一個金屬再生加工廠。一年內，加工廠用空易開罐煉出二百四十多噸鋁錠。三年後，就賺了二百七十萬元。

從拾易開罐到煉易開罐，由於敢想敢做，他挖掘出行業中存在的潛力，不僅改變他工作的性質，也讓他的人生走上另外一條軌道。

有人可以靠拾荒致富，甚至成爲一門「專業」的工作，有的人卻只能靠一輩子的勞力付出累積有限的財富。

這其中的差別，就在於你對身邊的事物是否投注多一點的關心，哪怕只是被當成垃圾的易開罐。

「科技始終來自於人性」，其實不只是科技，許多發明和發現，都是爲了解決生活中的不便。

例如因應時代需求，而有「徵信社」的崛起，連帶一些「偵測」工具也大開利市；因爲中國武術電影的賣座，使外國人產生學習中國武術的興趣，腦筋動得快的武術師特別到中國研習後，回國開班授課，門庭若市。

想賺大錢，就要有更積極的想法和做法。只要你能比別人早一步發現商機，就能快別人一步獲利。

找對門路，就能打開銷路

在推廣新產品、新觀念、新制度時，若遇到遲遲無法突破的困境，不妨參考「大牛帶頭」法則，也許就能開創出新局面。

日本的新力公司如今已經發展成國際企業集團，是消費性電子產品的領導品牌，在各國都有極高的銷售成績。但是，它的業務發展並非一開始就這麼順利的，在開拓海外市場時，就曾遭受許多困難。

現在，就讓我們來看看，新力公司是如何在艱難的情況下突破困境的。

二十世紀七十年代，日本新力公司的彩色電視機開始進軍美國市場。當時新力出產的彩色電視機在日本非常暢銷，但漂洋過海到美國後卻無人問津。於是，新力海外部部長卯木肇被派往芝加哥解決這個問題，但是剛開始，卯木肇也對此一籌莫展。

有一天，他到一個牧場散步時忽然發現，牧童趕牛的時候，總是先把一頭大公牛趕進牛欄，其他牛看到大公牛進了欄，就會自動跟著進去。卯木肇看到這個情況後大受啓發，心想如果能夠讓當地一家最高檔、最具規模的電器銷售商推銷新力公司的彩色電視機，那麼其他經銷商自然也會跟進。

卯木肇馬上行動，立即與當地最大的電器經銷商馬希利爾公司洽談，經過艱苦努力後，終於使對方同意在賣場銷售新力的彩色電視機。

馬希利爾銷售新力公司的彩色電視機之後，當地一百多家商店也開始跟進，新力在美國的銷售業績一下子大幅成長。這項成功不僅僅改變了卯木肇的命運，更改變了整個新力公司的命運。

人們對新事物總是抱持著期待而好奇的心情，然而，由於對新東西不了解，同時也因為害怕受傷害的不安感，誰都不願貿然做那第一個犧牲的「白老鼠」。不但消費者的消費行為如此，連負責經銷的商家也有這種心態，但如果大家都打定這種主意的話，那麼新產品要怎麼推廣出去呢？

卯木肇一開始對這個難題也束手無策，但是聰明的他卻從牧童驅趕牛隻這個再平常不過的情景中發現靈感，進而成功打開美國市場。

只要帶頭的大公牛順利出現，後續的動作就會非常順利。卯木肇確實把握這個行銷法則，全力讓那頭帶頭的大公牛——馬希利爾公司開始銷售自己的產品上。這個策略成功了，造就出新力公司在海外市場的巨大規模。

找對門路就能打開銷路，當你在推廣新產品、新觀念、新制度時，若同樣遇到遲遲無法突破的困境，不妨參考「大牛帶頭」法則，也許就能開創出新局面喔！

8

PART

只要不放棄，所有的苦難都會過去

如果低頭認輸，
只會讓自己永遠成為生命中的逃兵。
別再害怕，別再猶豫，
如果「一切都會過去」，
還有什麼大不了的事情嗎？

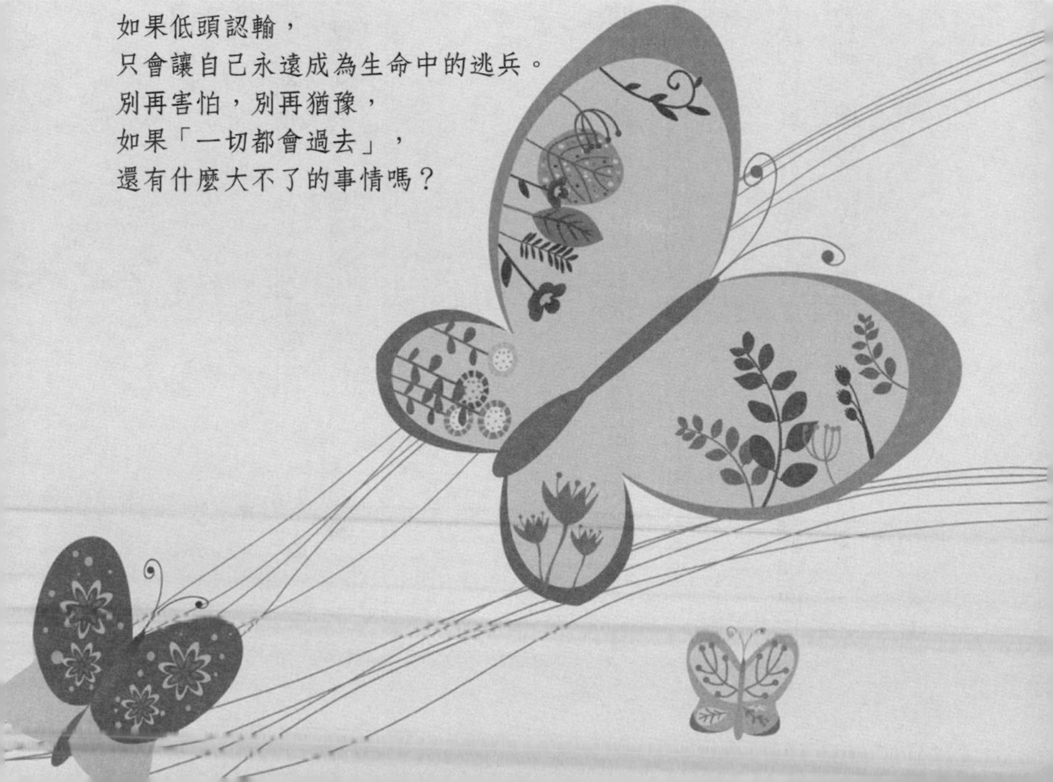

失敗的價值比成功更可貴

別害怕失敗，它帶來的果實不亞於成功的價值。只要能從失敗中尋找成功的啟示，在挫折中成長，就能成為下一個贏家。

有些人走「狗屎運」，賺了十萬塊時，就沾沾自喜，以為運用同樣的方法，就能財源滾滾而來，忘了每一個收穫都必須付出相同的努力，只有不斷求進步的態度，才能往目標邁進。

換個角度想，失敗的經驗也是同樣的寶貴。只要能放下負面心理，冷靜地面對眼前的困境，只要能從失敗中記取教訓，檢討過後找出新的出路，就算損失一百萬，也能獲得十億元的啓示。

羅森沃德於一八六二年出生於德國一個猶太人家庭，少年時隨家人移居美國，定居在伊利諾州斯普林菲爾德市。

羅森沃德的家境並不好，爲了維持生活，中學畢業後就到紐約的服裝店打工。他骨子裡有著猶太人艱苦奮鬥的精神，確信凡人都有出頭之日，只要選定目標，堅持不懈地往目標邁進，成功就會降臨。

「我要當一個服裝店老闆。」這是羅森沃德的奮鬥目標。爲了實現這個目標，工作時他留心學習，注意時尚動態，也不斷蒐集商業知識，閱讀相關書刊，主動向學充實自己。

到了一八八四年，他認爲自己小有經驗且存了一些本錢，決定自己開設服裝店。他的商店生意很差，經營了一年多，把多年辛苦積蓄的血汗錢全部賠光了，只好關門停業。之後，羅森沃德垂頭喪氣地離開紐約，回伊利諾州去。

羅森沃德反覆思考自己失敗的原因，找出了緣由：服裝是人們的生活必需品，但也是一種裝飾品，既要實用，又要新穎，才能滿足客戶的需求。他經營的服裝店，不但沒有自己的特色，也沒有任何新意，再加上商店未建立起商譽，沒有銷售管道，難怪會失敗。

針對自己出師不利的原因，羅森沃德決心改進，進入服裝設計學校學習，也一邊進行服裝市場考察，特別針對世界各國時裝進行研究。

一年後，他對服裝設計很有心得，對市場行情也看得較清楚，決定重振旗鼓。他向朋友借了幾百塊美元，先在芝加哥開設一間只有十多平方公尺的服裝加工區，除了展示他親自設計的新款服飾圖樣外，還可以根據顧客的需求對已定型的服飾改進，甚至完全照顧客的口述要求重新設計服飾。

因爲他的服裝設計款式多，新穎精美，再加上靈活經營，很快得到客戶的欣賞，生意十分興旺。兩年後，他把自己的服裝加工店擴大了數十倍，改爲服裝公司，大量生產各種時裝。

從此，他的財源廣進，聲名鵲起，成爲美國最大的百貨公司——西爾斯婁巴克公司的大股東，同時也躍爲美國二十世紀商界風雲人物。

每一位成功人士，都是經歷不少失敗和挫折，才走向成功之路。很多人都曾經踏上這條艱辛的路，可是遭遇困難的時候卻不能沉著冷靜地面對，因而未能走到終點的，仍佔多數。

失敗雖然讓人難過，但是若因此喪志，就成爲眞正的「失敗者」了！

別害怕失敗，它帶來的果實不亞於成功的價値。

任何事做過了，都會有回報，只要能從失敗中尋找成功的啓示，在挫折中成長，就能成爲下一個贏家。

失敗和挫折不一定就是壞事，誠如日本商業界前輩原安三郎說的：「運用賺十萬塊的經驗，不見得能賺一億元，但損失一百萬元的經驗，卻能獲得賺十億元的啟示。」

只要不放棄，所有的苦難都會過去

如果低頭認輸，只會讓自己永遠成為生命中的逃兵。別再害怕、別再猶豫，如果「一切都會過去」，還有什麼大不了的事情嗎？

千萬不要讓一時的不如意變成自己的心靈魔咒。越是不如意，越是不景氣，就越要鼓舞自己，學會把悲觀的念頭放下，用積極的態度把握當下，才能幫助自己從痛苦的泥沼中走出來，開創嶄新的未來。

不管面對任何問題，只有「即使到了最後關頭，也絕不輕言放棄」的精神，才能面對一切挑戰。

如果一開始就喪失鬥志，後面就沒戲唱了。就像一個認定比賽已經輸定的運

動員，腳步都已經放慢了，更不用期待奇蹟出現，反敗爲勝。

既然結果都一樣，第一名和最後一名都會跑到終點，何不在最後那段路程，用盡全力衝刺，不讓自己留下遺憾呢？

古希臘有一位國王擁有至高無上的權勢和享用不盡的榮華富貴，但並不快樂。他雖然可以主宰全國人民，卻無法操控自己的情緒，常常出現莫名其妙的焦慮和憂鬱，讓他悶悶不樂、寢食難安。

於是，國王召來當時最負盛名的智者蘇菲，要求他找出一句人間最有哲理的箴言，這句話必須濃縮人生智慧，要有一語驚心的效果。蘇菲答應了國王，條件是國王必須將佩戴的那枚戒指交給他。

幾天後，蘇菲將戒指還給國王，再三告誡他，非到萬不得已，別輕易取出戒指上鑲嵌的寶石，否則就不靈驗了。

沒多久，鄰國大舉入侵，國王率部下拼死抵抗，但最後整個城邦還是淪陷於敵人手中，國王只好亡命天涯。

有一天，爲了逃避敵兵的搜捕，他藏身在河邊的茅草叢中，當他掬水解渴時，看到自己的倒影，不禁傷心欲絕。誰能相信這個蓬頭垢面、衣衫襤褸的人，是曾經氣宇軒昂、威風凜凜的國王呢？

就在他掩面哭泣，打算投河輕生之際看到了戒指，迫不及待挖下上面的寶石，只見裡面側刻著一句話：「一切都會過去！」

頓時，國王的心頭重新燃起希望的火花。

從那刻起，他忍辱負重、臥薪嚐膽，重整舊部屬，等待東山再起。最後終於趕走外敵，贏回了王國。

當他再一次返回王宮，做的第一件事便是將「一切都會過去」這句六字箴言，刻在象徵王位的寶座上。

後來，他被譽爲最有智慧的國王，名留青史。

人生是快樂或痛苦，關鍵就在看待生活的態度，只要學會輕鬆、正面地對待，就可以讓自己的人生更加精采。生命中的失敗、挫折，人際間的摩擦、齟齬，都只是一時，如果你選擇面帶微笑，就能替自己創造更開闊的道路。

人會絕望，是因爲失去挑戰的勇氣；人會退縮，是因爲不想前進的惰性；人會猶豫，是想替放棄找一個搪塞的藉口。

人會害怕，更是因爲方寸大亂，認不清「未知的未來」，不知即將面對的是怎樣的情景。但是，如果因爲這些「理由」就低頭認輸，只會讓自己永遠成爲生命中的逃兵。

別再害怕、別再猶豫，如果「一切都會過去」，還有什麼大不了的事情嗎？何不靜下心來想想如何突破眼前的困境？

十九世紀的英國首相狄斯雷利說：「絕望，是愚者的結論。」

遭遇困境，最需要的就是冷靜，只要相信「再糟，一切都會過去」，就能放下遲疑和猶豫的心，毫不退縮向前進！

唯有冷靜才能突破困境

能夠對付恐慌的最好方法，就是冷靜面對，「冷靜」的目的，就是幫助人平靜在慌亂中急著找出答案的心情。

普勞圖斯曾說：「泰然自若是應付困境的最好辦法。」

其實，人在身處困境時，適應環境的能力最爲驚人，因此身處困境的時候，更應該保持冷靜，從容面對不利自己的情勢，如此才能突破原本僵困危急的局面，幫助自己度過難關。

很多意外發生後，再去檢討過程時會發現，有很多事情是可以避免的。就像發生火災時，在可以控制的情況下趕緊用滅火器撲滅，或者通知消防隊，都可以避免一場大災難。

可是，人們遇到危機時，常常會失去應有的判斷力，因爲害怕而陷入混亂之中。可能忘了要逃跑，愣在當場看著火勢蔓延；或者是太過害怕驚慌，導致全身無力，癱軟在地。這時候最重要的，就是「冷靜」下來。唯有「冷靜」，才能讓大腦正常運作，找出最適合的應對方法。

第二次大戰期間，一艘美國驅逐艦停泊在某國的港灣，那天晚上萬里無雲，明月高照，海上一片寧靜。一名士兵按照慣例巡視全艦之時，突然停步站立不動——他看到一個烏黑的大東西在不遠處的水上浮動著。

仔細一瞧，他的臉色馬上變了，原來那是一枚觸發式水雷，可能是從某處水雷區脫離出來的，正隨著退潮的水流慢慢向艦身中央漂過來。

士兵抓起艦內通訊電話機，通知了值日官，值日官評估狀況後，馬上通知艦長，並且發出全艦戒備訊號，才短短幾分鐘，全員已經在甲板上集合完畢。

所有官兵們都緊張注視著那枚慢慢漂近的水雷，大家都知道眼前的狀況非常危急，災難即將來臨。

官兵們立刻提出各種辦法，是該起錨快速開走，還是發動引擎使水雷漂移開？結果都行不通，一來沒有足夠時間，二來螺旋槳轉動只會使水雷更快地漂向艦身。以槍砲引發水雷也不行，因爲那枚水雷太接近艦裡面的彈藥庫，很容易引爆火藥。放下一艘小艇，利用長桿把水雷攜走也不行，因爲那是一枚觸發式水雷，一碰即爆，連拆下水雷雷管的時間也來不及。

悲劇似乎是沒有辦法避免了。有一名水兵一直沒有說話，冷靜地站在旁邊思索著。突然，這名水兵想出一個更好的辦法。

「把消防水管拿來！」他大喊著。

大家立刻明白他的用意，他們向艦艇和水雷之間的海面上噴水，製造出另一條水流，把水雷帶向遠方，然後再用艦砲引爆水雷。

一場危機就這樣化解了。那一名解除危機的水兵，正是因爲冷靜觀察情況、評估所有可能性後，才能夠做出最正確的決定。

美國第三十二任總統羅斯福曾經說過：「我們唯一該怕的是：『恐慌心理』。」對付恐慌的最好方法，就是冷靜面對。

當事情危及生命，或者影響大局時，會緊張是正常的。

但是，在緊張的時候卻不能亂下決定，任何一個錯誤的決定都可能讓事情演變成無法挽回的情況。

有時候急著找出答案，反而會忽略重要細節。「冷靜」的目的，就是幫助人平靜在慌亂中急著找出答案的心情。

英國有句諺語說：「處順境時必須謹慎，處困境時必須冷靜。」

的確，在困境中保持冷靜是所有成功人士必備的智慧，一個卓越不凡的人，最大的優點就是遇到不利自己的困境時，能夠讓自己頭腦清醒，百折不撓地冷靜應對，靠著過人的腦力沉著化解。

用錢有腦子，才不會受宰制

別因為「沒錢」的理由，讓自己活得不快樂，該存就存、該花則花，才算真正享受金錢人生。

省吃簡用，一心一意希望用「積少成多」的方式增加財富的人，看到那些揮霍無度，用金錢追求享樂的人的行為，都會非常痛心。後者看到前者這種「恐怖」的節儉法，也只會搖頭嘲笑。

大多數的人是這兩種人的綜合版，但還是會有幾個極端的案例出現。

對生活的滿意度，不是用金錢來衡量，沒有定律說明沒錢就不能滿足，有錢就會幸福。賺錢的目的是為了追求快樂生活，如果賺錢不能為你帶來快樂，再多的錢也沒有用處。

正確使用金錢方法的基本要件，就是讓收入與支出達成平衡狀態，該用則用、該省則省。過之與不及，只會爲生活帶來壓力，得不到快樂。

有一位信徒對默仙禪師說：「我的妻子很貪婪而且吝嗇，對於佈施行善的事情非常排斥，就連平常家用也一樣，連一點錢財也捨不得拿出來。請師父您大發慈悲，到我家中向妻子開示一番，行些善事好嗎？」

默仙禪師是個豪爽之人，一口答應信徒要求。

默仙禪師來到信徒家中時，信徒的妻子出來迎接，卻連一杯茶水都捨不得端出來給禪師喝。禪師不以爲意，握著一個拳頭，笑了笑說：「夫人，妳看我的手，如果天天都是這樣，妳會有什麼感覺呢？」

信徒的妻子見狀，回答說：「如果手天天都是這個樣子，就是有毛病了，那是一種畸形啊！」

默仙禪師說：「對，這個樣子是畸形！」

接著，默仙禪師用力把五指伸直，手掌開得大大地，再問：「假如手掌天天這個樣子呢？」

信徒的妻子又說：「這個樣子也是畸形啊！」

默仙禪師趁機開示道：「不錯，這兩種情況都是畸形。同樣的，錢如果只知道貪取，不知道布施，就是畸形。錢只知道花用，不知道儲蓄，也是畸形。錢要流通，要能進能出，要量入爲出，才是眞正的用財之道。」

握著拳頭暗示過於吝嗇，張開手掌則表示過於慷慨。

信徒的妻子在默仙禪師這樣一個生動的比喻下，對做人處事、經濟觀念，以及用財之道，豁然領悟了。

住家隔壁有個和信徒的妻子一模一樣的長輩，吝嗇與小氣的個性人人皆知。她的家境稱得上小康，卻讓自己和子女的生活過得比一般家庭還不如，寒酸的三餐讓全家人都營養不良，個個毛病一堆，最後還得花上一大筆醫療費。這就是一個極端吝嗇，不懂得運用金錢的血淋淋教訓。

至於對門的一家人，則恰恰相反。一家三口買了四台車，每輛都是B開頭，聽說最近還要添購第五台。如果能力可以負擔也沒話說，可是他們卻是刷卡分期付款買車。除此之外，沒有自家車位的他們，還將車子長期停放在附近住家的出入口，造成街坊鄰居怨聲連連。看著他們每個月為了付那龐大的車貸而傷透腦筋，實在好笑又可悲。

這兩種運用金錢的方式，都是一種畸形。

金錢，可以是「資產」，也可以是「負債」，就看如何去運用。如果老是覺得錢不夠用，必須搞清楚，是真的不夠用，還是慾望太多。

別因為「沒錢」的理由，讓自己活得不快樂。將「存款」和「用錢」分清楚，該存就存、該花則花，才算真正享受金錢人生。

把慾望當作努力的方向

因為想要得到某種利慾的心願而奮發圖強，把它當成一種目標和理想督促自己，就可以得到光明的未來。

如果你沒什麼錢，可能偶爾吃個大餐，就能滿足自己。可是，如果你是個億萬富翁，要的只有一頓大餐嗎？

有多少金錢，就會產生多大的慾望。這就是為何善良的靈魂，在一夕致富後，往往會失去靈魂的原因。

有一位心理學教授帶領學生在街頭就人們對金錢的慾望進行調查。看到向過往行人要錢的乞丐，設定他爲調查對象。說明來意，談好報酬後，他們對乞丐提出明確要求：對提出的問題要確實回答，心裡怎麼想，嘴上就怎麼答，如果斷定出說假話，將酌情從報酬中扣除。

教授問的第一個問題是：「如果你現在有十塊錢，你最想做的是什麼？」

乞丐立即回答：「我會先到速食店買一隻烤雞，兩瓶啤酒，再找個安靜的角落痛快享用，然後在涼爽微風中睡個覺。」

「如果你現在有一百元呢？」教授接著問。

乞丐答道：「買上兩隻烤雞，三瓶啤酒，把在地鐵口要錢的朋友叫來，好好吃上一頓。然後找間旅館，痛痛快快地洗個澡，再好好睡上一覺。」

「如果你現在有一千元呢？」

乞丐一楞，接著很難爲情地答：「從小到大，我從來沒有一千元過。」

教授很嚴肅地說：「現在是假設，讓你說的是假設。」

「那我會去買一套好衣服，像你們一樣體面地走在大街上，四處逛逛、看看風景，不再睡街頭看人臉色。」乞丐很心酸地回答。

「如果現在你有一萬元呢？」教授急切地問他。

乞丐一聽精神大振，挺起胸膛高興地回答：「我會馬上回老家，蓋棟新房子，買一塊好地，春夏種種莊稼，冬天打打麻將。」

「如果現在你有十萬元呢？」教授急切地問他。

乞丐微微一楞，幸福頓時溢滿臉龐，喜孜孜走到教授身邊，悄悄地說：「和城裡的有錢人一樣，穿金戴銀，住別墅，開小車，帶著美人兒到歌廳唱唱歌。只要天下有什麼樂事，我都想嘗試。」

教授和學生們給了乞丐一百元作爲報酬。可是乞丐拿到錢後，並沒像他所說的立即奔向速食店，而是笑瞇瞇地看著教授，彷彿在問：「還有什麼問題？還會給多少錢？」

這是一則有趣的實驗，眞實呈現出人們的慾望會因爲「財富」而轉變。就好像以下這個寓言。

撒旦想要讓一個善良的靈魂變邪惡，成爲自己的手下。他用盡各種方法，花了很長的時間折磨這個善良的靈魂，可是一點效果也沒有。這時候，某個在人間遊蕩的小鬼告訴撒旦一個秘訣：「你只要給他很多錢，讓他成爲大富翁，不久他的靈魂就是你的了。」

接受小鬼的提議後，沒幾個月，撒旦果然得到這個靈魂。

有人說：「利慾會使一種人蒙蔽雙眼，卻會驅使另一種人去開拓光明的前程。」然而，換個角度想，假設人們的行爲眞的可以因爲某種慾望受到驅使，這不也是一種成功的推手？

因爲想要得到某種利慾的心願而奮發圖強，把它當成一種目標和理想督促自己，就可以得到光明的未來。

反之，若因此利慾薰心，爲非作歹，那麼等在前面的只有失敗。

用對方法，效果最大

要受到他人的賞識，就必須幫對方找出「非你不可」的理由。有敏銳眼光，觀察對方的需求，再進一步行動，就能輕易達到目的。

推銷員在推銷東西時，常見的說辭就是：「賣你這個東西，我也沒賺多少錢。最主要是這個東西很好，對你非常有幫助，不買眞的很可惜。」

推銷東西的最高境界，就是讓一個沒有購買慾的人聽完你的說明後，會興起非買不可的念頭。

人生也是如此，做事的時候必須用對方法，才能讓效果達到最大。如果你在事業、工作或生活上遇到瓶頸，那麼就必須冷靜想出解決的辦法。

冷靜是突破困境的最高智慧，可以讓自己頭腦清醒，不至於進退失據、患得患失；看看以下這個真實故事，或許對你有所幫助。

美國費城西區有兩家敵對的商店，一家叫做紐約貿易商店，另一家叫美洲貿易商店。兩家店並列在一起，是只有一牆之隔的鄰居，老闆卻是死對頭，常常展開價格競爭之戰。

例如，紐約貿易商店的窗口上掛出「出售愛爾蘭亞麻被單，被單質料上乘、完美無缺，價格低廉，每床七美元」時，美洲貿易商店的窗口就會出現「人們應該睜大眼睛，本店床單世界一流，定價只要六美元」。

他們經常為了彼此降價競爭而走出商店，站在門口互相咒罵，有時甚至大打出手。最後總會有一個從競爭中自動退出，大罵另一個老闆是個瘋子，在他店裡買東西的顧客也是瘋子。

人們看完好戲後，紛紛跑到競爭獲勝的商店，高興地買空所有商品。在這一帶，由於他們的競爭，顧客得以買到各式各樣物美價廉的東西。

有一天，其中一位老闆去世了。幾天以後，另一位老闆開始停業清倉，低價賣出所有貨品。不久之後，他搬了家，人們再也沒有看見他。

大家都搞不懂為什麼會這樣，直到房子的新主人進行大清掃時，才發現其中的秘密。在這兩位老闆的房子之間有一個秘密通道，能夠通往商店上面同一個房間。後來經過進一步調查，才發現這兩位老闆竟是親兄弟。

原來一切的咒罵、恐嚇和人身攻擊，都是在演戲，所有的價格競爭也是騙人的。只要誰獲得勝利，誰就把兩人的商品一起賣出去。

就這樣，他們的騙局維持了三十多年，始終未被人們發覺，直到其中一人死後才真相大白。

美國保險界的名人法蘭克．貝特佳曾說：「人之所以購買東西，有兩種動機，一是追求利益，一是對損失的恐懼心。」

確實如此，只要讓客人覺得買下這個東西，有那麼多的好處，不買白不買，通常他們都會乖乖掏出腰包來。

這兩家老闆利用的，就是人們貪小便宜的弱點，引發人們興起一股「不管所買的東西是否需要，先買再說」的心理。

推銷是一門學問，不僅僅用在販賣物品上，還可以用於人生處世上。

要讓自己受到他人的賞識，就必須幫對方找出「非你不可」的理由。要做到這一點，除了培養自己的能力外，還得有敏銳眼光，觀察對方的需求，再進一步行動，就能輕易達到目的。

信任，才是最長遠的利潤

生意唯有建立在相互信賴的關係上，才能長久維持，只有公正地對待你的客戶，收取合理的利潤，才是真正的經營之道。

住家附近新開了一家自助餐店，吃了幾次後，就不再前去消費。並非菜色不好、衛生不當，而是「價錢算法」出了問題。

幾次觀察下來，發現老闆算錢並沒有一定的標準，而是隨自己的喜好喊價。他看準一些客人不會斤斤計較，算錢時就獅子大開口。同樣菜色，在會「問價」的客人盤裡，價錢自然也「正常」許多。

「低價買入，高價賣出」是許多生意人公認的賺錢之道，但是，消費者並不是一隻隻笨笨待宰的肥羊。必須記住，信任才是最長遠的利潤。

一群印第安人圍住鎮上一家新開的店舖，只看不買。因為好幾次被「白人」欺騙的經驗，他們對白人老闆抱著懷疑的態度。當地的印第安酋長聞聲而來，走進店裡看了看，對店主約翰說：「把你的貨物拿來瞧瞧。嗯，我要給自己買一條毯子，給我的妻子買一塊印花布。」

挑完貨物後，酋長和約翰開始議價，他們說好毯子需要付三塊貂皮，印花布則付一塊貂皮。酋長表示明天再將貂皮帶來交換，就空手回去了。

第二天，酋長背著一個大布袋走進商店，裡面裝的全是貂皮。

他將袋子裡的貂皮統統倒在櫃檯上，抽出四塊遞給約翰。稍稍猶豫了一會兒，又抽出第五塊，這是一塊特別珍貴、特別稀有的貂皮，他把它和先前四塊貂皮放在一起。

「已經夠了，」約翰把第五塊貂皮推回去：「你只要給我四塊貂皮，我們昨天就講好了，我只收下我應得的。」

他們為了該付四塊、五塊貂皮的事推讓了半天。終於，酋長的臉上露出了滿意的神色，把第五塊貂皮放回包袱裡，看了看店主，然後跨出門去。

他走出店家後，就朝著在外面等待的族人喊道：「來吧，來吧，跟他做買賣吧！他不會欺騙我們印第安人的，他不是個貪心的人。」

說罷，酋長又轉身對約翰說：「如果你剛才收下最後一塊貂皮的話，我就會叫他們不要跟你打交道，我們還會趕走其他顧客。但是現在，你已經是我們印第安人的朋友了。」

天黑之前，這家店鋪就堆滿了毛皮，店主約翰的抽屜裡也塞滿了現金。後來，店主成了一個百萬富翁。

有個原住民笑話是這樣講的：「傳教士將聖經交給我們，要我們低頭禱告。當我們再度抬起頭時，擁有了上帝，他們的口袋則有了我們的土地。」

早期擁有權勢的人利用武力或者欺騙的手法，掠奪、侵佔弱勢族群的財產，歷史上時有所聞。即使是進步的現代社會，類似的事件還是不斷發生，只不過換個面貌，在日常生活中存在。

印第安人雖然不一定知道「貂皮」和「毛毯」的市價高低，但是他們能看出，商人是否有打著「吃定」對方的壞主意。故事中的酋長便藉著「試探」的手法，考驗商家的誠信。

有一句諺語是這樣說的：「好的顧客，過了三年也不會換店；好的店，過了三年也不會換顧客。」

生意唯有建立在相互信賴的關係上，才能長久維持，只有公正地對待你的客戶，收取合理的利潤，才是眞正的經營之道。

考慮雙方利益，才能達到雙贏

在做一筆生意時，要考慮買賣雙方都能夠得到的利益。可以看出其中道理的人，才能在人生中成為最大贏家。

在觀光勝地，最常見就是黃色計程車穿梭的影子，和一個個賣力「叫客」的運匠大哥們。通常回程的車都較受歡迎，一來遊客玩了一天，累得不想再跟一堆人擠公車，二來，車資通常較便宜。

司機載客到觀光景點，不管如何都會想辦法到客源多的地點招攬客戶，既然都是一趟車程，若能順道載旅客，就是多賺一筆。因此，削價載客，就成爲一種附加價值。

買賣的原則，就是建立在互惠的原則上。客人選擇較公車昂貴的計程車，是因為車資比平常划算，坐得又舒服，有賺到的感覺；司機看似虧本，其實也是賺了一筆回程油錢。這就是一筆兩頭雙贏的生意。

造成全球金融風暴的美國猶太銀行雷曼兄弟公司，原本是一家歷史悠久的老字號銀行，在二十世紀末期和二十一世紀初期，有著舉足輕重的地位。可是，誰也沒想到，雷曼兄弟的父親只是一個平凡的牛販。

一八四四年，德國維爾茨堡一個牛販的兒子亨利．雷曼移民到了美國，是家族中移居美國的第一代。亨利．雷曼先在南方做了一段時間長途販運的行商之後，就與隨後移居美國的兩個弟弟伊曼紐爾和邁那一起在阿拉巴馬定居下來，成為一個雜貨商。

棉花是阿拉巴馬最主要的農作物，也是大宗棉花的產區。農民手裡多的是棉花，但是常缺現錢，他們寧可用棉花交換日用雜貨，也不願拿出為數不多的現金。

許多雜貨商不願意使用這種交易方法，常常拒客戶於門外。

只有雷曼兄弟不同，他們對這種交易方式特別感興趣，積極鼓勵農民以棉花代替貨幣，恢復古老「以物易物」的習俗。也因此，雷曼兄弟的生意特別好，得到許多農民的光顧。

並非雷曼兄弟不懂得做生意的原理，他們只是清楚捉住客戶心理，利用這樣的方法搭配其他條件來做買賣。以棉花交換的買賣方式，不僅容易吸引那些手上沒有現金的顧客擴大銷售量，在以物易物並處於主動地位的情況下，也有利於操縱棉花的交易價格。

此外，經營日用雜貨本來就需要進貨運輸，趁空車進貨之際，順便把棉花送往外地販賣，不僅省下了一筆運輸費，還順道做一筆棉花買賣的生意。

這種經營方式，用雷曼家族自己的話來表述，叫做「一筆生意，兩頭盈利」，是他們歷久不變的經商之道。

就這樣，過沒有多久，雷曼兄弟便由雜貨商變成了經營大宗棉花交易的商人，棉花典當是他們的主要業務，後來更於一八八七年成爲果菜類農產品、棉花、油料代辦商。

雷曼兄弟也藉此走上了大規模發展的道路，成爲知名銀行的創辦人。

日本江戶末期的農業家二宮尊德說過：「所有買賣的設計，都是為了買、賣雙方高興；如果只是賣者高興，買者不高興，並非買賣之道。」

過去，買賣被認爲以賣方爲主，只須考慮利潤。但是就買方而言，因爲這項商品而得到利益，才是買賣的眞意。

雷曼兄弟在艱辛的創業過程中，冷靜地看出「兩頭盈利」之道，既給農民「方便」，也從這項「方便」中，另外開闢棉花市場。若當初只有單純經營雜貨買賣，最多只能成爲有錢人，不可能成爲富翁。

在做一筆生意時，要考慮買賣雙方都能夠得到的利益，可以看出其中道理的人，才能在人生中成爲最大贏家。

9

PART

步步爲營，才不會掉入陷阱

心理的強度是最終能否
獲得勝利的重要關鍵，
唯有步步為營，穩健地實現計劃，
能獲得最後勝利。

規劃生命藍圖，人生依此建築

一個成功者，必定有異於常人的執著，他不把命運交給平凡的生活，在他的心裡，早有一個人生的藍圖等著去實現。

每個人從懂事開始，就在不斷建立自己的人生目標，如何才能擁有一個正確的選擇，卻是人們所疑惑的。有時，當你以爲自己已經找到這個目標時，卻發現它毀滅了你對其他事物的希望。

看清自己想要的目標，就像運動選手抓準奔向終點的方向一樣重要，否則就算跑得再快，距離目的地依然遙遠。

尋求充實而快樂的人生目標，最重要的就是把握今天，並且熱愛自己的工作。

不論眼前如何，都要堅定意志，不畏艱難，勇往直前，相信自己所選擇的目標，別輕易地被環境擊敗。

當代的電影配樂大師漢斯．季默，曾是德國法蘭克福的一名鉗工，從小就對音樂十分感興趣，經常整天沉迷於音符之中。

由於家中買不起昂貴的鋼琴，漢斯只好用紙板模擬鋼琴的黑白鍵，製作出一張紙鍵盤，從早到晚練習。雖然他沒有眞正的鋼琴，但還是寫出了不少曲子。後來，用作曲賺來的錢買了一架「老爺」鋼琴。

有了鋼琴的他如虎添翼，音樂造詣更上一層樓，就算從未受過正統的音樂訓練，也影響他前進的腳步。

當他投入所有心力在作曲之中時，常常會忘了過正常的生活，腦子裡只剩下一個個音符。也常常因爲投入於作曲而忘了跟女友的約會，讓許多女孩子生氣，大罵他是「音樂瘋子」、「神經病」。

婚後他依舊沉浸在音樂的世界裡。有時候幫妻子煮飯忘了加水，讓整鍋米成了鍋巴；還有一次他烹煮加州牛肉麵，利用等候的時間，用粉筆在地板上寫起了曲子，結果把麵煮成了「粥」，麵條糊成一團。

幸好妻子很體諒他，沒有責怪，只是罰他要把這鍋「粥」喝完，若是剩下半點就馬上離婚。

儘管類似的生活插曲不斷上演，漢斯．季默仍然不放棄最喜歡的音樂。不論在走路或者搭乘地鐵，漢斯手上總是帶著本子和筆，一有靈感就馬上寫下來，這些即興創作，後來成了許多感人樂曲的素材。有時候睡夢中想出一個音符，他還會馬上醒過來，打開手電筒在睡眼惺忪的情況下寫曲子。

漢斯．季默最後成為好萊塢電影音樂的主要創作家，更在第六十七屆奧斯卡頒獎典禮上，以聞名世界的動畫片〈獅子王〉榮獲最佳配樂獎，那天，正是他三十七歲生日。

一個成功者，必定有異於常人的執著，不把命運交給平凡的生活，隨波逐流，而是加以規劃、創造。在他的心裡，早有一個人生的藍圖等著去實現，當別人不認同或者搞不清楚狀況時，他早已在為下一步做準備。

很多人也常有偉大的夢想與志向，卻因為許多外在或內在的因素而讓理想幻滅，然後推託說：「沒辦法，這就是命。」

事實上，人生沒有所謂命中註定這回事，許多失敗往往只是由於缺少堅定的決心。光有想法沒有用，許多時候必須要有實際的做法，自己的命運要靠自己創造，唯有付諸行動，人生理想才能依構想中的藍圖建立起來。

靈機一動，改變命運

只要抓住那靈機一動的創意，就能改變自己的生活，說不定下個改變世界與自己命運的人就是你呢！

生活中總會遇到許多不方便的事情，但不知道你是否曾經想過：用一點小小的創意就能改變原先不便的生活，甚至還能使自己名利雙收呢！

先別質疑這個說法，看看下面這則小故事，你就能了解「靈機一動」有多大的影響力。

有一天，窮畫家律蒲曼正專心致志地畫畫，但要修改時卻找不到橡皮擦，好不容易擦去需要修改的畫面後，卻又不知道把鉛筆放到哪去了。

他從中吸取教訓，把橡皮擦與鉛筆用絲線綁在一起，這樣可以避免兩者分開之後不方便尋找。

可是這種方法不牢固，使用一會兒，橡皮擦就掉下來了。他心有不甘，剪下一塊薄鐵皮把橡皮擦和鉛筆末端包起來，再壓兩道淺溝固定，如此一來，使用時就再也不會掉下去了。

這時，他忽然靈機一動，想道：「附有橡皮擦的鉛筆一定會受到畫家和學生的歡迎，我何不就這樣做呢？」

於是，律蒲曼向親友借了幾十美元到專利局辦理專利申請手續，很快就得到確認。不久，他的這項新發明就被雷巴鉛筆公司買下，原本生活潦倒的窮畫家一下便獲得了五十五萬美元的專利費用，從此改變了他的一生。

五十五萬美元可是窮畫家要花很長一段時間才能賺進的一筆數字，可是律蒲曼卻靠著把一塊橡皮擦固定在鉛筆後面的新發明一夕致富。

但是，可別說這個創意很容易，因為自從人類發明鉛筆與橡皮擦以來，一定有許多人被相同的問題困擾，但卻沒有人像律蒲曼一樣想出這種點子並申請專利，這就足以說明他為何能獲得這筆財富了。

在這個「創意與智慧財產等於財富」的時代，每一天都有人以充滿創造力的頭腦發明出產品，不但改善了人類的生活，也為自己帶來財富與名聲。

我們不一定要像發明電燈的愛迪生或發明電腦的工程師一樣具有高超的科學知識，只要像律蒲曼一樣，抓住那靈機一動的創意，就能改變自己的生活，說不定下個改變世界與自己命運的人就是你呢！

專注就是邁向成功的鑰匙

只要你了解的「深度」比別人深，鑽研得比別人透徹，那麼在這個領域當中，你就擁有了邁向成功的鑰匙。

小時候，班上總是有這樣令人羨慕的人，似乎讀書、運動、美術都樣樣在行，還會彈鋼琴或珠算等等才藝，在期末成績單上的評語欄裡，老師也總是用各種等誇獎的辭彙來形容他們。

這樣的人總是叫人欽羨不已，不是嗎？

但是，這樣的天賦，卻未必是他未來功成名就的保障，同樣的，即使是資質駑鈍，或是在學習方面有障礙的孩子，只要能專心致志，將來依舊能開創出自己的一片天空。

有個人從小文科成績糟到不行，他的讀寫速度很慢，英文課需要閱讀經典名著時，只能從漫畫版本下手，以求低空飛過，他常說：「我的腦袋裡有想法，但是沒有辦法將它寫出來。」

後來，經醫生診斷，這個人患有識字障礙。

這個人之後憑藉著優異的數理成績，進入美國名校史丹佛大學就讀。他發現商業課程對他而言比較容易，於是選擇經濟爲主修，但在英文及法文方面仍然不及格。之後，他全力投注於商學領域，並獲得MBA學位，畢業時，他向叔叔借了十萬美元，開始自己的事業。

一九七四年，他在舊金山創立自己的公司，這家公司如今已名列世界五百大企業中，擁有兩萬六千萬名員工。

他就是施瓦布——嘉信理財的董事長兼執行長。

至今，施瓦布的讀寫能力仍然不佳，閱讀時必須唸出來才能理解其內容，有時候，一本書要看上六七次才能完全了解，寫字時也必須以口述的方式，再藉助電腦軟體完成。

一個先天學習能力不足的人何以能成就一番事業呢？施瓦布的答案是：「由於學習上的障礙，讓我比別人更懂得專注和用功。」

他解釋說：「我不會同時想著十多個不同的點子，每一段時間我只投注於某個領域，並且用心鑽研。」

這種「一次只做一件事」的專注態度，也造就出嘉信數十年的歷史。

當其他金融服務公司將顧客層鎖定在富裕的投資者時，嘉信推出平價服務，專心耕耘一般投資大衆的市場，終於開花結果。

隨著科技的進步和顧客的成長，嘉信在每個時期都有專心投注的目標。而且許多階段的成果都成爲業界模仿的對象，不斷在金融業立下里程碑。

嘉信理財名列《財富》雜誌中全球最受景仰的二十大企業、全美最適合工作的企業，以及美國《富比士》和《商業周刊》的大企業榮譽榜，是各管理書籍最常列舉的案例之一，它的成功說明了：專注就是邁向成功的匙鑰。

英國科學家霍金告訴我們一個簡單的道理：「上帝既造就天才，也造就傻瓜，這不取決於天賦，完全是個人努力程度不同的結果。」

施瓦布的天賦可能並不讓人羨慕，但他的成就肯定令人欽佩。

為什麼有著學習障礙的他可以做到這一步呢？答案就是「一次只做一件事」的專注態度。

因此，與其貪多嚼不爛，不如專心致志地將心力投注在一件事上，只要你了解的「深度」比別人深，鑽研得比別人透徹，那麼在這個領域當中，你就擁有了邁向成功的鑰匙——那就是無人可比的「專業性」。

步步為營，才不會掉入陷阱

心理的強度是最終能否獲得勝利的重要關鍵，唯有步步為營，穩健地實現計劃，才能獲得最後勝利。

當我們不斷驅策自己走在競爭的道路上，有一句話我們時時都要牢記：一時的失意未必是眞正的失敗，一時的得意更未必是眞正的成功。

只有到最後都步步爲營的人，才能穩健地歡呼收割。

一場國際象棋爭霸賽中，一名叫巴比．費雪的選手利用先犧牲的心理策略，成功戰勝了他一直無法超越的史帕斯基，取得了冠軍。

那是一九七二年五月，當天比賽就要開始了，但巴比．費雪遲遲沒有露面，讓他的對手史帕斯基等得心煩意亂。

最後，在開賽前一分鐘，費雪終於來了。但他一來就抱怨這抱怨那，一會兒說大廳的燈光太刺眼，一會兒說攝影機的聲音太吵，一會兒說椅子不舒服。在第一局比賽中，費雪開局不久就下了一步爛棋，一步他下棋生涯中最差的棋，一副打算棄子投降的樣子。

在史帕斯基眼中，費雪是一個會奮戰到底的對手，但是這一回卻大出意外，竟然棄子投降了。

第一局失利之後，費雪的抱怨更多了，不論什麼事都要挑毛病來。這些抱怨讓史帕斯基認爲費雪的心態很糟糕。

第二局比賽，費雪又沒有準時出場，受到取消第二局出賽權的處罰。這時，史帕斯基更加堅定地認爲費雪已經心神不寧了。

第三局開時始，費雪又犯了一個很基本的錯誤，下了一著爛棋，讓史帕斯基感到十分困惑。然而，就在史帕斯基困惑之際，費雪已經取得了勝利，但史帕斯基連自己是怎麼輸的都不明白。

接下來，輪到史帕斯基犯了非常不應該的基本錯誤。下到第六局時，他因為輸棋而流下眼淚；下第八局時，他終於明白費雪是運用先犧牲的策略來擾亂他的心神，讓他困惑，他在心理上和策略上已經輸給費雪了。

事實上，費雪的心態從一開始就很好，只不過一直都在偽裝，遲到、抱怨、輸棋和受處罰都是表演出來的。倒是從來沒有輸過的史帕斯基，經過這些擾亂，心態卻變糟了。

下第十四局時，史帕斯基甚至懷疑自己遭到「暗算」，聲稱自己喝的橘子汁被人下藥，還覺得空氣中有某種令人窒息的化學物質，甚至懷疑有人在他的椅子上動手腳，讓他感到非常不舒服。

可是，專家檢測了飲料和空氣，甚至還替椅子做X光檢查，卻沒有找到任何不正常的地方。他居住的地方也進行周密的搜索檢查，除了發現兩隻死蒼蠅外，什麼也沒有發現。

專家的檢測結果並沒有讓史帕斯基的心神安寧下來，甚至產生了幻覺，最後不得不中途認輸。這一仗，他不僅輸給了從來沒有戰勝過他的巴比．費雪，而且輸了一生的棋業，不久他退出棋壇，從此一蹶不振。

論棋藝，或許兩人旗鼓相當，甚至史帕斯基還比費雪強上一些，但是最後的結果，卻出乎衆人意料。事實上，史帕斯基其實並不是敗給了費雪，而是輸給了自己。

因爲，若不是他掉入費雪的心理陷阱，這場棋賽應該是他的囊中物。或許，我們會對史帕斯基有些同情，認爲費雪的計謀未免有些卑鄙，然而，現實人生與這場棋賽一樣，心理的強度也是最終能否獲得勝利的重要關鍵，唯有步步爲營，穩健地實現計劃，才能獲得最後勝利。

品質就是最好的行銷

騙術與巧計只能得到短暫的效果，一個人或一件產品，若只是靠一時的炒作而竄起，必將在很快的時間內被人淡忘。

活在這個由媒體主宰的世界，我們無時無刻都會接觸到鋪天蓋地的宣傳與廣告，告訴我們什麼產品可以用來減肥、什麼冷氣最省電、什麼車子最好開、什麼電影值得我們去看……等等。

於是，很多人成了媒體操弄的傀儡，仔細想想，難道我們不能決定什麼東西適合自己嗎？

難道沒有了宣傳，我們就無法分辨什麼是好的、什麼是不好的嗎？

美國《讀者文摘》是靠郵購起家的。

該雜誌的創始人德惠特和李莎是一對年輕情侶，有一天他們想到，若能蒐集各報刊雜誌的精美文章，編成雜誌，一定十分暢銷。於是，一九三〇年，他們蒐集文章編成一本雜誌，它就是第一本《讀者文摘》。

儘管在尋找出版商時處處碰壁，但是他們並不灰心。兩年後，在舉行婚禮之前，他們自費出版了第一期雜誌，然後按電話簿上的地址寄出雜誌，並在每本雜誌中附了一份回函，說明收到雜誌的人如果願意再看到這份雜誌，就請寄回回函和訂閱金。

在他們度完蜜月回來時，竟發現信箱裡塞了一千五百多份訂單。《讀者文摘》從此起步，如今它已在近四十個國家銷售，譯本也近二十種，成爲全球發行量最大的雜誌。

其實不論是人或物，擁有實力與內容就是最好的宣傳，像《讀者文摘》這樣的好雜誌，即使一開始發展並不順利，但最後還是以豐富堅實的內容取得讀者的喜愛與信賴，這就是最好的明證。

消費者的眼睛是雪亮的，騙術與巧計只能得到短暫的效果。放眼看看世界上為數不多的長青型企業，或是膾炙人口的老字號，哪一個不是以數十年如一日的優質服務和產品內容屹立不搖呢？

宣傳與廣告固然是現代社會促銷的工具，但是一個人或一件產品的成功與否，還是要看它本身的好壞，若只是靠一時的炒作而竄起，必將在很快的時間內被人淡忘。

立即行動勝過紙上談兵

有人將自己關在學術的象牙塔之中，與現實社會脫節，所以不論在「塔」中提出再多想法與假設，都只不過是紙上談兵。

在升學主義掛帥的社會中，很多人從自小就被灌輸「萬般皆下品，唯有讀書高」的觀念。

於是，從小就在家長與學校的期盼之下，揹起沉重的書包、戴著厚厚的眼鏡，從小學、中學、大學到研究所或出國進修，一路走來都是依循眾人的期望，似乎只有知名學府的文憑，才是進入這個社會最可靠的保證書。

但是，眞的是這樣嗎？

其實，學歷不代表一個人的能力，也不會左右一個人日後的成就，如果不曉得靈活運用知識，只會淪爲紙上談兵的書呆子。

一九七三年，英國利物浦一位叫科萊特的青年考上哈佛大學。進入這所大學不久，他認識了一位美國青年，兩人很快地成爲好朋友。

大學二年級時，他的美國朋友突然對他說：「科萊特，我們退學吧，現在財務軟體很熱門，我們一起去開發32BIT財務軟體，反正我們現在所學的進位制已經夠我們用了。」

雖然科萊特也看好財務軟體的前景，可是無法接受退學這項建議，因爲他是來求學的，而不是來開發財務軟體的，更何況關於BIT系統的課程老師還講授完。於是，後來只有他的朋友一個人退學。

十年的時間一眨眼就過去了，科萊特成爲哈佛大學的BIT博士研究生，而那位大二退學的朋友則在這一年裡進入美國億萬富翁的行列。

科萊特繼續深造，並於一九九二年拿到博士學位，而他的朋友也在這一年成爲美國第二大富豪。

一九九五年時，科萊特認爲自己學有所成，可以研究開發32BIT的財務軟體了，但是他的朋友卻已經開始研究比32BIT快一百五十倍的EIP財務軟體，並且很快就將產品推向市場，讓32BIT財務軟體失去生存空間。

就在這一年裡，他的這位朋友成爲世界首富，而這個人就是比爾蓋茲。

哈佛大學是多少人心中夢寐以求的名校！比爾蓋茲竟然毅然決然中途輟學，當時周遭的人想必曾全力反對他的決定，或是認爲他神智不清了。

但是，比爾蓋茲當初的決定，讓他比其他人早好幾步進入弱肉強食的眞實社會中，實地接觸電腦軟體市場與商業世界，並且以自己的長才與知識，改變了往後的世界面貌。

雖然科萊特的人生在許多人眼中也算值得欽羨的了，畢竟他最後成爲世界一流學府的博士，然而當他花了二十年的時間，終於覺得自己「學有所成」時，他所學的東西卻早已被真實世界遠遠地拋在後面。

學校的確是知識的殿堂，能幫助我們開拓視野、增長智慧，但有人卻因此將自己關在學術的象牙塔中，與現實社會脫節，所以不論在「塔」中提出再多想法與假設，都只不過是紙上談兵。

相反的，有人投身在嚴苛且競爭激烈的社會中學習，接受現實的考驗，並利用自己得到的經驗來成就一番事業。

其實，不論是哪種生活方式都是個人的選擇，沒有對或錯，只是看完比爾蓋茲的小故事之後，也許能讓我們以更客觀的態度來決定人生方向，不致侷限在一般的思維當中。

開發獨創性的想法

想要成功，要點是詳盡周密的考慮，以及用最佳的方式呈現商品。進一步思考，相信一定對你有所幫助。

想要成功致富，就必須開發出獨創性的想法，並且積極執行。只有不斷翻轉自己的大腦，你才不會老是爲了生活苦惱。

美國古生物學家奧斯本說：「能注意事物的各個方面，就能多方面發掘問題。經常如此訓練自己的頭腦，就能產生獨創性的構想。」

致富的路徑有千千萬萬條，當好不容易找到成功致富的途徑後，更重要的是要如何規劃它、實踐它。

看看下面這則故事，也許盧伊茲成功的例子能給你一些啓發。

巴西有個名叫盧伊茲．卡洛斯．布拉沃的企業家喜歡到劇院裡觀看演出，有一次，看一個說笑話的節目，不禁被演員所講的笑話逗得捧腹大笑。

大多數觀衆笑完後就忘了此事，但盧伊茲卻與衆不同，反覆思考此事，並認爲「笑話」是一個可以賺錢的「商品」。

經過周密的研究分析之後，盧伊茲決定成立一個獨特的電話服務公司，就叫「笑話公司」。

他千方百計匯集了世界各國出版的五百多冊笑話選集，從中挑選成千上萬則精彩的笑話，然後再聘請喜劇演員把這些笑話一則則錄下來。

這樣一來，只要用戶付一定的費用，就能在電話上增設一個專用號碼，一撥通就能聽到令人哈哈大笑的笑話。

這項別開生面的業務一開張，就受到廣大聽衆的歡迎，盧伊茲也從中獲得源源不斷的收入。

爲了保護自己的專利，盧伊茲先在巴西全國工業產權局進行註冊登記。不久，隨著業務的拓展，在英國等十六個國家也進行專利的註冊。

他還在先後與巴西三百個城市的電話局簽訂合約，安裝特別設備，利用它們開展自己的笑話業務。有了國內業務的基礎後，他又進軍英國、日本、德國、法國、希臘、阿根廷、智利、西班牙等海外市場，年業務額達三千多萬美元，很快就變成大富翁了。

你一定沒想到笑話也可以拿來賣，而且還能大賺一筆。

盧伊茲笑話事業成功的關鍵，在於用最好的方式呈現他的「商品」，他顯然認爲，一個笑話好笑的重點在於「表演」的方式，如果說笑話的人是說學逗唱樣樣精通的說話高手，一定比平面、無聲的笑話集有趣的多。

他也考慮，成功的笑話「服務」除了在「表演」上要做到最好，使用電話提供服務的方式，不但可以免去被盜版的困擾，還能讓想要轉換心情的人很方便地以一通電話聽到笑話，不用再上街買CD或錄音帶。

就是這樣周全的考慮，才使得一則則看似不值錢的笑話以最佳方式呈現在大衆面前，爲盧伊茲帶來大筆財富。

想要成功，要點是詳盡周密的考慮，以及用最佳的方式呈現商品。我們雖然無法複製盧伊茲的點子，但是可以模仿他成功的模式；若是你已經有創新的點子，不妨進一步思考如何呈現，相信一定對你有所幫助。

靜觀其變，機會就會浮現

若有強取豪奪也爭不到的東西，那不妨退一步，換一個位置。當壓力與重擔轉移到對方頭上時，我們會更有時間與餘裕充實自己。

人生的路途上總是有高峰，有低谷，當我們知道自己已經到達谷底，彷彿一切籌碼與勝算都已失去時，千萬不能灰心喪志。

因爲，沉潛是爲了另一波高峰的到來；有的時候，以退爲進反而比一直處在高峰上更能行得遠、行得久。

十六世紀時，俄羅斯國王伊凡四世想進行一次徹底的改革，但是他的勢力太小了，處處受到俄國貴族階級的箝制。俄國的貴族階級限制了他的權力，靠恐怖手段控制著人民，和伊凡進行對抗。

一五六四年十二月三日，伊凡沒有做任何解釋就離城而去，在莫斯科南方的一個村莊裡落腳。當時人民擔心伊凡把政權交給殘暴的貴族階級，情緒開始騷動，最後整個國家陷入了無政府狀態。

一五六五年一月，伊凡寫了一封信給人民，聲稱是貴族階級的背叛讓他決定永久退位。公開信強烈地震撼了人民的心，許多民眾蜂擁到街上遊行示威。面對這種局勢，貴族們害怕了，乞求伊凡復位。

伊凡耐心聆聽他們的請求，但是不肯改變心意，堅持地表示，如果要他復位，就必須賦予他絕對的權力，由他完全統治國家，貴族階級不許干涉。最後，貴族們妥協了。

面對混亂與騷動，幾乎每一位俄羅斯成員都希望伊凡回到莫斯科，重建法律與秩序。那年二月，伴隨著隆重的慶典與人民的擁戴，伊凡重返莫斯科，終於順利施行期望中的改革。

《易經》上有句卦辭叫「潛龍勿用」，意思是「君子韜光養晦，以待時機」。伊凡四世能夠演出這一場「以退爲進」的好戲，顯然他也了解「韜光養晦，以待時機」的道理。

若有強取豪奪也爭不到的東西，那不妨退一步，換一個位置。當壓力與重擔轉移到對方頭上時，我們會更有時間與餘裕充實自己，並能靜觀局勢變化，相信只要耐心等待，有利的機會一定會慢慢浮現。

爭一時，更要爭千秋，面對困局，伊凡四世這一步走得相當漂亮，值得我們好好學習。

認真面對批評，才能走出困境

不論這些指責看來多麼無禮，只要以認真的態度來思考，還是能從中得到寶貴的建議，只有知道自己的缺陷何在，才能加以改進。

俄國作家高爾基曾經提醒我們：「不要因為別人的尖銳批評而生氣，因為事實總是不合我們胃口的。」

雖然絕大多數的人都知道這個道理，但面對批評總是難以釋懷。

許多人很難接受他人對自己的批評，也無法忍受其他人直接的反對意見，總是在仔細思考前，就反射性地駁斥他人的反對與批評。

我們總是喜歡聽到讚揚與稱許的話語，不在意說的人是真心還是假意。但是，若始終維持著這種心態，眞的能讓自己更上一層樓嗎？

喬治．羅納曾在維也納當過多年律師，但在第二次世界大戰期間逃到瑞典後，變得一文不名，急需一份工作。

他能說寫幾國的語言，希望能在一些進出口公司找到秘書之類的工作。但是，絕大多數的公司都回覆他說，因爲正在打仗，不需要這類人才，不過他們會將他的名字存進資料庫裡，以備不時之需。

在這些回覆中，有一封信這樣寫道：「你完全不了解我們公司的營運狀況，而且你又蠢又笨，我即使需要一位替我寫信的秘書，也不會請你這樣一個連瑞典文都寫不好的人。」

喬治．羅納看到這封信時，簡直氣得發瘋了。他本來打算回一封信氣氣那個人，但後來冷靜下來尋思道：「等等，我怎麼知道這個人說得不對呢？瑞典文畢竟不是我自己的母語。如果我的瑞典文的確不好，那想要得到一份工作，就必須更加努力學習。他雖然用難聽的話語來表達意見，但並不意味我沒有錯誤，我應該寫封信感謝他才是。」

於是，他心平氣和地重新寫了一封感謝信，信上這樣說：「感謝您在不需要秘書的情況下還願意回信給我，我對自己將貴公司業務弄錯一事深表歉意。我的信中有很多語法上的錯誤，但自己卻不自知，我對此事深感慚愧，而且十分難過。現在，我計劃去學瑞典文，改正自己的錯誤，謝謝您對我的指正，使我能不斷進步。」

又過了不久，喬治．羅納就收到那個人的回信，並且給了他一份工作。

喬治．羅納這種態度正是我們必須學習的。他一開始收到這封信時，也與一般人一樣非常憤怒，畢竟誰在收到罵自己又蠢又笨，還被指責文法錯誤連篇的信時會不生氣呢？但正因他不同於常人的應對方式，那封充滿了惡言的信才得以眞正改變他的際遇。

喬治並非將這封信視爲負面情緒下的產物，而是認眞思考信中的指責，畢竟如果這封信所言屬實，那麼自己的確有需要改善的地方，正如他在文中所說：「雖然這個人用難聽的話來表達意見，但並不意味我沒有錯誤。」

的確，不論這些指責看來多麼無禮，只要我們以正面的態度來思考，還是能從中得到寶貴的建議，因爲只有知道自己的缺陷何在，才能加以改進；如果只是沉浸在「太棒了」、「你眞是優秀」……這樣的讚許中，就很難確切明瞭自己的不足之處。

必須心平氣和面對批評，不卑不亢地檢討自己，如此才能將批評化爲對自己的助力。

10 PART

化恨意爲成功的動力

心中懷有怨念不一定是不好的事，
不必急著將它磨滅。
只要那股恨意不會傷害自己和他人，
就讓恨意化為動力。

坦白看法才是有效的解答

把自己的想法正確、真誠地傳達給他人，讓兩個不同的看法融為一體，用心留意對方的感受，很多問題都能迎刃而解。

一個計劃形成的時候，最重要的就是要有人接受、賞識，並且加以支持，這個計劃才有實踐的機會。

但是，並非每一件事都能如此順利，有時可能會因爲一些內在、外在的因素而讓計劃胎死腹中。

不過，即使有再多阻礙計劃發展的原因，只要不放棄希望，針對問題點找出解決之道，必定能有解決的方法。

第二次世界大戰期間，英國首相邱吉爾為了向美國政府請求一批軍火援助而訪美，但是美國總統羅斯福卻舉棋不定，遲遲無法下決定，邱吉爾因此悶悶不樂地回到旅館。當他將身上的衣服脫光，叼著大菸斗跳進澡盆，準備好好地泡個澡時，羅斯福突然闖了進來。

一位國家元首面對另一位赤身裸體的國家元首，場面自是非常尷尬。這時候，邱吉爾急中生智，不在意地聳聳肩說：「瞧，我這個大英帝國的首相對你可是沒有絲毫的隱瞞啊！」

羅斯福聽了，忍不住捧腹大笑。邱吉爾的機智妙語，不僅掩飾了自己一絲不掛的窘態，還含蓄地表示他在政治立場上也是開誠佈公、毫無隱瞞的。

這不僅恰到好處地打破了僵局、緩和了氣氛，而且贏得了羅斯福的好感和同情，也因此讓會談的情況發生了戲劇性的變化。在下一輪會談中，羅斯福欣然同意英國的請求。

甘迺迪在美國總統任期內，將兄弟博比安排到司法部長的位子上。當時引起了各界的抗議，社會公衆認爲他懷有私心。每個人都等著看甘迺迪如何爲自己辯解，給大家一個合理的解釋。

在記者會上，衆人皆嚴肅地等待甘迺迪發表看法，甘迺迪卻輕鬆地說：「任命博比爲司法部長，我不認爲有什麼不妥之處。」他微笑地停頓了一下，「至少在他個人開業之前，能讓他有點法律經驗。」

正當大家無法完全接受這個說法時，他接著說：「事情是這樣子的，早晨四點鐘，我把頭伸出窗外呼吸新鮮空氣，向四周張望了一下，然後自言自語地說，就任命博比吧！」

甘迺迪發揮了美國式的幽默，坦白地告訴新聞界他是如何做出這項頗具爭議的任命，進而解除了記者們的武裝。

對於猶豫不決的羅斯福，邱吉爾採用「坦蕩蕩」的攻勢，利用毫無掩飾的眞心，化解了羅斯福的疑慮。

而「內舉不避親」的甘迺迪，則用積極、正面的心態，幽默地面對這項決定，而非躲躲藏藏地掩蓋事實。這樣反而更能讓人接受，證明自己所做的並非壞事，只是讓一個「適任」的人擔任其職，不是公器私用。

一味迴避問題只會造成反效果，窮追猛打則讓人退縮。

最好的方法是，洞悉他人的眞正心意，加強對方的心理建設，設法讓對方認同且贊成自己的計劃。

在生活上，難免遇到與自己意見不合的聲音，或者得不到別人的認同。若能把自己的想法正確、眞誠地傳達給他人，用自己的觀點影響別人，讓兩個不同的看法融爲一體，並且用心留意對方的感受，很多問題都能迎刃而解。

唯有精神能夠長存

歷史偉人的精神永存，我們得以藉由那些偉大的精神力量，隨時警惕、鼓勵自己，遇到挫折時，能夠從中尋求安慰。

曾經有個修行者在節目中討論「輪迴」的話題時，這麼說：「東方人死後大都會下地獄。」

當主持人問及原因時，他回答，東方人習慣在人死後拜「腳尾飯」，和燒紙錢、紙樓房、紙汽車等等給往生者。這代表死後「需要」這些東西，因此無法上天堂，因爲在天堂是不需要這些的。

是否眞有「輪迴」這件事，在此姑且不論。只是，人本來就是依附著一具臭

皮囊過日子，百年之後也只剩下這副空殼，真正能夠長久留在人們心中的，無疑是逝者的精神。

英國著名作家托馬斯·哈代在一九二八年離開了人世。為了緬懷這位傑出的作家對英國文學發展的貢獻，人們決定把他葬在舉世聞名的倫敦「詩人角」——西敏寺教堂。

把哈代葬在這裡是再合適不過的，因為這個教堂裡有「英國詩歌之父」喬叟，以及著名詩人詹森、白朗寧，和小說家狄更斯等一代英國文豪在此長眠。然而，哈代生前的遺願卻交代著，他死後要安葬在自己的故鄉——英格蘭南部的多塞特郡。那裡是他文學創作的源泉，不少作品都是以故鄉為背景，那裡提供他創作的靈感。

經過一番討論，各執己見的雙方人馬最後終於找出一個他們認為的最「好方法」：把哈代的遺體安葬在西敏寺教堂，心臟則留在故鄉。

按照計劃，哈代的遺體如期運往倫敦。當多塞特郡的人們要安葬作家那顆寶貴的心臟時，卻發現它竟不翼而飛了。

負責看守心臟的農夫說，他將心臟放在窗台上的一只白色瓷盤裡。但是，眾人找遍了每個角落，就是沒有心臟的蹤影。

正當所有人都焦急不已時，一隻花貓跳上窗台，懶洋洋地整理身上的毛，一邊還用腳掌清理嘴邊的食物殘渣。這時候，大家才明白，原來，哈代的心臟已進了貓的肚子裡了。

大文豪的心臟，最後竟葬在貓的肚子裡，眞是一件諷刺的事。

喜歡一個人、一件事物，不代表就一定要擁有。例如，追星一族爲了心中的偶像，不惜付出一切，如此狂熱讓人嘆爲觀止，然而爲了表示支持，不考量自己的能力揮霍一切、舉債度日，原本支持偶像的美意落得如此下場，想必也不是支持的對象所樂見的。

量力而爲，精神上的鼓勵，也是一種動人的支持，因爲精神的力量，比外在任何刺激都要強大。

許多歷史偉人在辭世多年後，仍然令人難以忘懷，這就是一種精神永存的表現。我們得以藉由那些偉大的精神力量，隨時警惕、鼓勵自己，遇到挫折時，能夠從中尋求安慰，激勵自己再接再厲。

或許很多人對於未來還是茫然無所知，找不到追尋的目標，若是這樣也不需要感到驚慌，只要謹記著，懷抱著對未來的使命感，就能紮實踏出每一步。

化恨意為成功的動力

心中懷有怨念不一定是不好的事，不必急著將它磨滅。只要那股恨意不會傷害自己和他人，就讓恨意化為動力。

小玉在班上是個不起眼的孩子，成績普通，看不出有什麼可取之處。老師不重視她、同學們看不起她，一致斷言她一定考不上好學校。

可是，她卻跌破大家的眼鏡，順利考上第一志願。

在不被了解的情況下，她總是一個人默默努力。結果，她打破大家的預言，拼過班上最被看好的同學。

某次她和好友回到母校，遇見昔日當著大家的面侮辱她的老師。不同於其他人對老師的熱絡，她只是冷漠地點頭問候。

事後問她為何不感激那位老師給她的「激勵」，她回答：「我不認為有感激的必要。就是因為對他的那股恨意，才能支持我走到今天。」

《茶花女》的作者亞歷山大．小仲馬，有一位名人父親，也就是法國浪漫主義文豪——大仲馬。

由於小仲馬是大仲馬和一位裁縫女工所生的私生子，一直到小仲馬七歲之前，大仲馬都不願意承認他的身分。後來雖然認了他，但是並不承認小仲馬的母親是自己的妻子。

私生子的身分，讓小仲馬從小吃盡苦頭，也在心靈留下了深刻的傷痕，直接影響他成年後的創作。

起初，小仲馬寄出的稿子經常被退稿。當時大仲馬便要小仲馬在稿件中附上一張紙條，說明他是自己的兒子。但是小仲馬拒絕了，他告訴大仲馬：「我不想坐在您的肩頭上摘蘋果，那樣摘來的蘋果沒味道。」

不僅如此，小仲馬還取了十幾個不同姓氏的筆名投稿。

一八五八年，小仲馬寫了一齣劇本《私生子》，內容敘述一位有錢人誘惑一個女工，欺騙她的感情。當有錢人得知女工懷孕後，便拋棄了她。後來，他的私生子長大後有了名氣，他才想讓兒子認祖歸宗，結果卻遭到兒子的拒絕。

劇本結尾有這樣兩句台詞：

父親：當我們兩個人獨處時，你一定會允許我叫你「兒子」的。

兒子：是的，叔叔！

這兩句台詞充分表達出兒子得知「叔父」就是自己的生父時憤怒的心情。當這部劇本即將公開演出時，劇院老闆找了小仲馬，希望他能去掉這個結尾，改成父子熱烈擁抱的大團圓結局。

小仲馬拒絕了他的要求，並冷冷地說道：「我就是爲了最後這兩句台詞，才寫這個劇本的。」

法國文豪羅曼羅蘭曾經寫道：「一個勇敢而率真的靈魂，能用自己的眼睛關照，用自己的心去愛，用自己的理智去判斷，不做影子，而做人。」

小仲馬將對於父親的不滿，藉由戲劇來傳達。這樣的方式，不但是一種藝術表現，更可以抒發情緒，比起正面衝突，實在好太多了。

曾經體會過心酸的人，才會對人生產生自信。只要爬得起來，明天依舊是燦爛的一天。靠自己的力量走出困境的人，往往可以發現新的世界。

心中懷有怨念不一定是不好的事，不必急著將它磨滅。只要那股恨意不會傷害自己和他人的身心，讓「恨意」化為「動力」又有何不可？

用簡單的問候增進人與人的交流

一個簡單的小動作，可以把關懷的感覺傳達到對方心裡，那股溫暖的心意可能會影響對方一輩子。

曾有個汽水廣告，講述一位年輕人放學回家，直接走過坐在客廳的父親面前，一聲不響地鑽進房間玩線上遊戲。父親一句話也沒說，只是起身打開電腦。當兒子打敗怪物成功歡呼時，房外也傳來歡呼的聲音，兒子才發現原來並肩作戰的是自己的父親。

含蓄的人不擅長親情間的交流，總是默默付出關心，但是這樣的默默關懷，卻不一定能傳達到對方的心中。有時候，簡單的一句問候，看似微不足道，卻能夠溫暖彼此的心。

在通訊不發達的年代，法國工程師漢斯剛結婚不久，就被公司臨時分派到瑞士出差一個月。在機場，他依依不捨地吻別了新婚妻子，就登上飛機離開了。

幾個禮拜後，耶誕節前幾天，漢斯買好返程機票，匆忙趕到電報局打算發一通電報，告訴妻子自己的返程日期。他擬好電報文，交給一位小姐說道：「請幫我算算總共要多少錢。」

聽到小姐告訴他應付的款項時，漢斯才發覺自己帶的錢不夠。苦惱之餘，就說：「把『親愛的』這幾個字從電報中去掉吧，這樣錢應該就夠了吧。」

「不！」這位小姐打開自己的錢包，掏出錢來對漢斯說：「我來為『親愛的』這幾個字付錢好了。做妻子的最需要從她們的丈夫那兒聽到這句話。」

英國作家威廉·科貝特一八三〇年曾到到英格蘭北部工業城鎮旅行。每行經一處，就會有大群工人聞訊前來聽他演講。每次進出會場的時候，無數工人都熱情地搶著和他握手。

第二天，他的雙手就會腫起來，就像被棒子打過一樣。

即便如此，他還是愉快地說：「一想到這是由於工人的粗壯大手握捏而成的，這點痛楚也就變成了最大的快樂！」

日劇和韓劇中時常出現的畫面，就是在外工作一天回家的男主人，在進門時說一聲：「我回來了！」這時候家裡的女主人就會迎上前去，說聲：「你回來啦，今天辛苦啦！累不累……」之類的問候話語。

以前總認爲這樣的問候只是一種形式，且顯得有些男尊女卑。直到有一次，一位一起分租公寓的學姊在畢業前告訴我：「我要說聲謝謝妳！」摸不著頭腦的我不禁疑惑著。

「每天晚上我打工回宿舍，走廊總是一片漆黑。當我說著『我回來了！』時，只有妳會打開房門跟我打聲招呼。對我而言，那是一天疲憊下來，唯一的欣慰。」

那時我才發現，原來自己的小動作會對別人造成那麼大的影響。

說句「親愛的」、「謝謝你」或是一個握手的小動作，雖然簡單，卻可以把關懷的感覺傳達到對方心裡；即使是一句簡單的「我回來了」，也可以讓人與人之間的互動活了起來。

想增進人與人之間的情誼，就不要吝於給予一個小小的問候，在不知不覺中，那股溫暖的心意可能會影響對方一輩子。

永不放棄才能獲得成功的契機

不論情況多麼困難，只要我們願意嘗試，就有希望；不論經歷多少次失敗，只要我們不放棄，成功就一定會來到我們的眼前。

有沒有什麼理想，是你一直嘗試，但卻從來沒有達成的？有沒有什麼心願，是你一直努力卻從來沒有成功過的？

當你在哀嘆自己運氣不好，總是無法達到目的時，或許該反思一下自己是否總是停留在「想」的階段，或是在嘗試時僅碰到幾次挫敗就輕言放棄？

日子難過，就要想辦法渡過。不妨先看看以下這個小故事，也許看完之後你就能明白自己總是失敗、一事無成的關鍵何在。

普魯士國王長期與英格蘭作戰，但每一次都敗北而歸。在第六次戰爭中，他又被打得落花流水，只得躲藏在一處不易被發覺的破茅屋裡，多次失敗的打擊讓他鬱鬱寡歡。

當他帶著失望與悲傷的情緒躺在木床上的時候，無意間看見一隻蜘蛛正在結網。國王為了讓自己解悶並看蜘蛛如何應付，於是伸出手毀壞牠將要結成的網，但蜘蛛對此並不在意，立刻繼續工作，再結一個新網。雖然國王又把新網破壞了，不過牠仍繼續結網。

如此反覆多次，國王開始驚奇了，自言自語道：「我被英格蘭的軍隊打敗六次就準備放棄，難道我連一隻蜘蛛都不如嗎？」

當蜘蛛成功結成第七個網時，國王也終於鼓起勇氣，決定再一次奮鬥，從英格蘭人的手裡拯救他的國家。

他重新召集了一支新的軍隊，謹慎並耐心地進行準備，終於打了一次重要的勝仗，成功地把英格蘭人趕出國土。

「人會連一隻蜘蛛都不如嗎？」

自詡爲萬物之靈的人類可能會覺得這樣的問題很愚蠢，但看完這個小故事後再思考其中涵意，便能發覺這個問題背後有多深的寓意。

人會自暴自棄、灰心喪志，可是蜘蛛不會；人會彈性疲乏、畫地自限，可是蜘蛛不會，人類在許多方面確實是不如蜘蛛的。也正是因爲人有太多足以阻礙自己的退縮想法，才無法像蜘蛛一樣，即使辛辛苦苦結成的網被破壞了幾十次、幾百次，仍然能無怨無悔地繼續下去。現實生活中，有太多人不過受到一兩次的挫折，就輕言放棄了。

不論情況多麼困難，只要我們願意嘗試，就有希望；不論經歷多少次失敗，只要我們不放棄，成功就一定會來到我們的眼前。一旦我們停下努力的腳步，那就無異於自己親手把理想與成功的機會埋葬了。

單純的態度讓人人都幸福

能活在世上就是一件美好的事。少一點「用心」，多一點快樂，想要有幸福的人生，只要有一顆單純的心就能做到。

在喜憨兒的臉上，我們永遠看到愉快的笑容，即使外界質疑相關機構給予他們的薪水過低，是一種剝削的惡劣行爲，但是對他們而言，身爲一個「有用」的人，就是一件快樂的事。然而，他們可能從來不知道，他們憨直的笑容也是許多人快樂的來源。

反觀那些智力正常發育的孩子們，卻缺少了這種無憂快樂的童年，成爲所謂的「問題兒童」。

這些「問題兒童」不一定來自貧苦家庭，其中有許多是出自生活富足、衣食無缺的中上階層。但是，不論是貧苦的「問題兒童」，還是富裕的「問題兒童」，在他們的心中都有著相同的感受——家中缺乏溫暖。

因爲現代社會中龐大的生活壓力，使得許多父母忙得沒有心力和時間去親近、關愛孩子，而造就了許多憂愁的年輕臉龐。

一九二三年的冬天，戴高樂擔任法國陸軍的少校營長時，第三個孩子出生了，但是當時傳來的卻不是希望和歡樂的消息，而是一種無言的痛苦，因爲新生的女兒安娜是個先天缺陷的低能兒。

望著這個不幸的孩子，戴高樂夫婦既悲傷又歉疚，從此他們在安娜身上傾注了加倍的關愛，要讓她感受到人間的溫暖。在兵營裡，戴高樂是不苟言笑、冷峻嚴肅的指揮官，但是回到家，一看見安娜單純的笑容，他就會忘掉自己刻意保持的嚴峻，像個孩子般唱歌、跳舞就爲了逗安娜開心。

也因爲夫婦倆抱持著共同的心願——傾盡全力照顧安娜，讓兩人的感情更加親密。他們小心翼翼地保護著安娜，就怕自己在安娜之前離開人世，使她無所依靠。也由於安娜的殘疾，他們更加同情受疾病折磨的孩子，總是在忙碌之中抽空關懷他們。

一九四六年，戴高樂辭去了職務，開始著手寫回憶錄。在夫婦倆商量下，決定把回憶錄的大部分版稅作爲殘疾兒童基金，基金會以安娜爲名。他們還以基金會的名義設立兒童保育院，戴高樂夫婦感到十分寬慰，他們再也不用擔心自己死後沒有人可以照顧安娜，可以了無牽掛了。

兩年後，安娜因爲肺炎離世，她的遺體安葬在寧靜的科隆貝教堂村。戴高樂握著他妻子的手在她的墓前傷心落淚，默哀了一陣以後，喃喃說道：「現在，她跟別人一樣了……」戴高樂逝世後，人們依據他生前的願望，將墓地簡單地設在安娜的墓旁。從此，這位慈父日日夜夜守護著他的愛女。

如果家中有個「與眾不同」的孩子，通常會增加一對淚流滿面的父母，感嘆老天為何要給孩子和自己這樣的折磨。

的確，面對這樣的孩子，必須花費更多的心力來照顧。

但是，他們不見得就是「包袱」。只要過適當地引導，他們也有照顧自己生活起居的基本能力。而且，他們天生單純並且不受到世俗的影響，他們沒有心機、與世無爭，長保同樣的笑容，這不也是一種幸福嗎？

就如同工作時必須背負著沉重壓力的戴高樂，安娜的單純反而是他的快樂來源。面對女兒，他可以完全放鬆、真心相對。

人們都喜歡親近開朗、有溫度的笑臉。就像沐浴在和煦的陽光裡，可以讓人忘卻一整天的疲憊以及生活的煩惱。其實，如果能夠卸下臉上嚴苛的面具，換上一張笑容滿面的臉蛋，就能愉快過日子。

身為一個人，能活在世上就是件美好的事。每天將愉快寫在臉上，少點「用心」，多點快樂，想要有幸福的人生，只要有顆單純的心就能做到。

因為不滿足，才有空間進步

滿足是一種快樂，但是，自欺欺人的「滿足」則是一種消極的逃避行為。唯有正視「不滿」的聲音，才能得到真正的滿足。

有人向一位事業有成的人詢問成功之道，得到了這樣的回答：「成功只有一個秘訣，那就是『發現需要』。」

因爲眞正的好工作都是在「需要」的地方才會出現。

如果一個人別無所求，對於一切都感到滿意，甚至到了自滿的程度，就無法再接受新的事物，自然也不會更進一步。

國王添了一個漂亮的王子，在孩子洗禮的那一天，有十二個仙女受到上帝的指示前來祝賀，每一個仙女都帶來了珍貴的禮物。

第一個仙女帶來的禮物是智慧，國王很高興地收下了。第二個仙女帶來的是珍寶，國王同樣高興地收下了。第三個帶來的是力量，第四個帶來的是財富，第五個帶來的是英俊，第六個帶來的是情感，第七個帶來的是健康，第八個帶來的是朋友，第九個帶來的是愛情，第十個帶來的是知識，第十一個帶來的是關懷，國王都十分高興地一一收下了。

但是到了第十二個仙女的時候，國王楞住了，因爲她帶來的禮物是「不滿」。國王認爲，他的兒子什麼都不缺，要什麼有什麼，怎麼能夠讓他有不滿呢？他毫不猶豫地拒絕了第十二個仙女的禮物，甚至對這位仙女不太客氣。

隨著歲月的流逝，王子漸漸長大，繼承了王位的他英俊漂亮，性情溫和，身體健康。但是，在他的心靈裡，卻沒有那種因爲不滿而想追求未來的雄心大志，沒有因爲不滿而產生企圖建功立業的抱負。

他對於已經擁有的，什麼都滿意。對自己的國家什麼都滿意，對於再平庸的大臣，也沒有什麼不滿的。

他從來都不想著手改革創新，也不想勵精圖治。久而久之，因爲他每一天都活在滿意的狀態中，大臣們也變得不思進取。漸漸地，他的國家窮困沒落了，淪落爲一個落後的國家，不久就被鄰國併呑了。

在他的國家被消滅的時候，老國王還沒死。面對亡國的災難，他突然醒悟，原來他把上帝送給兒子最珍貴的禮物拒絕了。

「不滿」這個禮物對於兒子來說才是最珍貴的。

王子之所以失敗，是因爲他太過「知足」，不認爲生活中有什麼讓自己不滿意的地方。因此，他看不到缺點，聽不到「不滿」的聲音，當然也不想有任何改變，國家自然無法進步，甚至走向滅亡。

因爲「不滿」，才能發現「需要」，它的積極意義就是讓人動腦，思考下一步要怎麼發展。

滿足是一種快樂，但是，自欺欺人的「滿足」則是一種消極的逃避行爲。唯有正視「不滿」的聲音，找出改變的方法，才能得到眞正的滿足。

有「需要」，不代表「不滿足」，反而還是尋求進步的偵測器。透過「不滿」，才會找到可以改善的地方、可以進步的空間。許多成功的行業，不也是起於人們的「不滿」而產生的「需要」嗎？

心有旁騖就容易失誤

心情不好的時候，不但容易遷怒他人，也會影響自己工作的情緒，許多失誤都在此時發生。

小李是個忙碌的上班族，由於剛接下一項企劃案，更是忙得天昏地暗。這時，久未謀面的好友突然打了一通電話，想找小李聚聚。爲了不辜負好友的盛情，小李想盡辦法空出一點時間與朋友見面。

但由於多日睡眠不足，加上滿腦子都是工作的事情，小李在聚會中頻頻打哈欠，還常常不自覺地神遊到工作裡。朋友關心問候時，小李只是沉著臉有點不耐地說沒事。結果，這次聚會後，朋友對小李非常不滿，認爲他若不想見面就直說，何必那麼勉強，兩人之間因此產生誤會。

在疲憊不堪或身體狀況不佳的情況下，很容易爲了一點小事就心浮氣躁，這時候最容易發生無心的過錯。

阿凡提的機智聞名鄉里，是個讓人敬佩的智者。有一次，他的一位好朋友因爲替人打抱不平而被縣官捉去坐牢。他整天苦思冥想著該如何營救朋友，完全沒有注意到身邊的大小事。

午後，阿凡提的老婆塞給他一個油碗和一串銅錢，要他幫忙上街去打油。阿凡提手裡拿著錢和碗走出門，一路上還是一直想著那件事，連鄰居和他打招呼都沒有反應。

走進油坊後，他將錢和碗拿給掌櫃，靜靜地在旁邊等待。

掌櫃的把油倒滿了整碗，但還剩下一點再也倒不進去，就問阿凡提打算怎麼做，可是阿凡提完全沒有回應。掌櫃連問了幾聲都一樣，乾脆直接走上前推他，再問：「阿凡提，就剩這點油怎麼辦呀？」

阿凡提被打斷了思緒，一時心急就把油碗一翻，指著碗底說：「就倒在這個碗裡吧！」

人們見阿凡提把油潑了一地，哄然大笑起來，可是他仍然傻頭傻腦地指碗底說：「朝這兒倒啊，倒啊！」

油坊掌櫃只好忍住笑，把那一點油倒進碗底的淺坑裡去。回到家中，老婆一見不禁愣住了，連忙問他：「怎麼一串錢，只買來這麼一點點的油呀？」

阿凡提答道：「不，這邊還有哩！」說著，他又把油碗翻過來，就這樣連碗底的那一點油，也灑掉了。

老婆又氣又好笑地說：「人家稱讚你是世界上最聰明的人，其實你是個天字第一號大傻瓜啊！」

讓自己的身心保持良好狀態是相當重要的。

有位哲人曾經這麼勸告世人：「因為情緒而行事，最後只會莽撞草率地毀壞自己，應該讓心情冷靜下來，讓自己的頭腦更加清醒。」

聰明人也會做出十分糊塗的事情，特別是心不在焉的時候。就連阿凡提這樣一個聰明絕頂、自我控制力絕佳的人，都會受到情緒的影響，鬧出笑話來，更何況是普通人呢？

心情不好的時候，很容易將內在不常顯現的一面表現出來。這時候不但容易遷怒他人，也會影響自己工作的情緒，許多失誤都在此時發生。

平常善於掩飾的人不希望被他人發現自己的「脆弱面」，為了避免這種情況發生，情緒低落的時候，最好減少與他人接觸的時間，免得做出日後後悔的事，造成情緒再次低落。

若因為私人情緒，讓不自覺浮現的臭臉影響了旁人，即使像小李為了朋友特地抽出時間的「美意」，也會成為「惡意」。倒不如說明原委拒絕約會，下次才能帶著輕鬆的心情見面。

你的態度，決定你的前途

詩人朗費羅曾說：**「重要的不是你站在那裡，而是該往那個方向移動。」**

的確，在變動不羈人生過程中，重要的並不是你現在所站的位置，而是你決定要往何處去。不同的態度，造成不同的人生高度，也讓人走向不同的人生道路。未來會發生什麼事情，或許不是我們可以左右的，但是，我們絕對可以藉由改變自己的態度，讓自己更快心想事成。

改變應對態度，會讓你心想事成

王渡——編著

學會放下，活在當下全集

作　　者　千江月
社　　長　陳維都
藝術總監　黃聖文
編輯總監　王　凌
出 版 者　普天出版家族有限公司
新北市汐止區忠二街 6 巷 15 號
TEL / (02) 26435033 (代表號)
FAX / (02) 26486465
E-mail：asia.books@msa.hinet.net
http://www.popu.com.tw/
郵政劃撥 19091443 陳維都帳戶
總 經 銷　旭昇圖書有限公司
新北市中和區中山路二段 352 號 2F
TEL / (02) 22451480 (代表號)
FAX / (02) 22451479
E-mail：s1686688@ms31.hinet.net
法律顧問　西華律師事務所・黃憲男律師
電腦排版　巨新電腦排版有限公司
印製裝訂　久裕印刷事業有限公司
出 版 日　2022 (民 111) 年 1 月第 1 版
I S B N◉978-986-389-802-3　　條碼 9789863898023

國家圖書館出版品預行編目資料

學會放下，活在當下全集／
千江月著.—第 1 版.—：新北市,普天出版
民 111.1 面；公分. - (生活良品；41)
I S B N◉978-986-389-802-3 (平裝)

生活良品

41

普天之下・盡是好書

普天出版家族
Popular Press Family

淩雲文創
A-Plus Creative Company